ORACLE ROCK

Textes : © Virginie Despentes.
Illustrations : © La Rata.
Création maquette et mise en pages :
Bénédicte Souffrant – PCA-CMB.

www.editions-tredaniel.com
info@guytredaniel.fr
www.facebook.com/editions.tredaniel
@editions_guy_tredaniel
@tredaniel_eso

DESPENTES · LA RATA

ORACLE ROCK

Guy Trédaniel éditeur
19, rue Saint-Séverin
75005 Paris

Sommaire

LES CARTES

Introduction

J'avais rendez-vous ce matin avec une amie, elle m'a envoyé un texto juste avant – tu peux prendre tes cartes ? Et tandis que je la regardais mélanger le jeu sur la table du café où on se voit, je me demandais – à quoi ça correspond, dans ma vie ? De quelle façon j'y crois, quelle influence ça a, quel intérêt ? Qu'est-ce que ça représente ? Qu'est-ce que j'y trouve de si intéressant ?

D'une part je cherche de la force. Je cherche à me rassurer. Un tirage que je trouve bon me rassure, me donne des forces, m'encourage. Un tirage peut aussi faire basculer l'humeur – m'inquiéter, fissurer la tranquillité ou me convaincre que j'ai raison d'être angoissée. Les cartes, en ce qu'elles ont de divinatoire, ne me servent pas à grand-chose. Ce dont elles peuvent me parler – c'est de ce que je ressens. Parfois elles m'aident à formuler une crainte – pas quelque chose qui va se réaliser, heureusement la plupart des craintes que je trimballe ne se réalisent jamais –, mais quelque chose que je n'aurais pas pris le temps de formuler si je n'avais pas tiré les cartes. D'autres fois – comme c'était le cas ce matin –, le tirage permet de commencer une discussion d'une autre façon. C'étaient des cartes rassurantes – je n'avais pas besoin de sortir des trucs alambiqués, ça se voyait qu'elles étaient toutes très positives. Alors c'est une façon de commencer à discuter autrement – de passer à un autre niveau d'entente pour dire courage. Tout se traverse. Ce qui est vrai aujourd'hui ne l'est pas demain, pour le meilleur et pour le pire. C'est toute l'idée des cartes divinatoires, cette affaire de cycle. Et de l'importance qu'a ta façon de lire les choses. Une réalité est rarement une donnée objective – elle se travaille.

Il y a forcément quelque chose que je prends au sérieux là-dedans – il y a peu de choses que je faisais il y a trente ans que je continue à faire. Lire des livres. Écouter de la musique. Tirer les cartes. C'est à peu près tout. Je réalise en écrivant cette introduction que le seul objet chez moi que j'ai gardé depuis que j'ai 12 ans, c'est mon premier jeu de tarot. Tout le reste a été donné, jeté, vendu, volé, oublié quelque part. Je n'ai pas gardé un seul livre, je n'ai pas de photo de mon adolescence. Tout le reste est parti ailleurs – sauf ce tarot sur des cartes jaunes, qui vient de Bretagne, qui est celtique. Je ne m'en sers pas, j'ai perdu le livre depuis longtemps, mais je me souviens de ces premiers tirages, de ce premier contact avec l'alphabet des cartes divinatoires. Je n'étais pas très intéressée par l'ésotérisme à ce moment-là, mais je crois me souvenir que j'ai compris tout de suite que c'était une façon d'agencer des concepts. Qu'il s'agissait de lecture. Quelque chose d'abstrait qui prend sens par l'imaginaire du récepteur.

Ma vraie rencontre avec les cartes se fait dix ans plus tard. Je ne sais pas pourquoi ma mère a, dans un tiroir de la maison de Saint-Brieuc où ils vivent, un tarot de Marseille, que je tire alors que je viens d'écrire mon deuxième roman – et je me souviens encore de la précision des tirages et de la facilité avec laquelle je comprenais leur enchaînement. Dans les mois qui suivent, je rencontre Sasha, alors chanteuse de Heliogabale, elle connaît la taromancie, on devient très proches et c'est elle qui m'enseigne les fondamentaux. Comment trouver « son » tirage, sa façon de tirer combien de cartes, comment travailler sur les arcanes majeurs ou sur le jeu en général. Il n'y a pas Internet à ce moment-là – il y a les livres qu'on a, et l'enseignement qui se transmet. Avec Sasha, je m'initie aux cartes, et en allant acheter mon premier jeu de tarot de Marseille, dans une boutique à l'époque de la rue du Faubourg-du-Temple, je trouve aussi mon premier jeu de Yi Jing.

Pendant ces années-là, je me tire les cartes trop souvent. Comme sans doute beaucoup d'entre vous le font aujourd'hui. Je me tire les cartes seule, plusieurs fois dans la même soirée.

C'est ensuite avec Coralie Trinh Thi avec qui je fais *Baise-moi* que j'approfondis ma connaissance du jeu et ma pratique des cartes. Elle connaît bien le tarot de Marseille – on croise ce que l'on sait, on garde nos trucs, on se tire les cartes pendant le tournage. On se demande bien pourquoi il y a cette tour qui revient tout le temps, cette tour qui avertit d'un événement surprenant et brutal, et on attendra un moment avant de comprendre pourquoi on allait la chercher avec autant de régularité.

Puis je rencontre Philippe Manœuvre, qui a chez lui une bibliothèque ésotérique extraordinaire – on est toujours avant Internet, ça va venir, c'est le début des années 2000 mais pour l'instant on continue d'aller chercher le savoir dans les livres que les uns et les autres ont soigneusement accumulés. Philippe est proche de Jodorowsky. Je le vois tirer les cartes des dizaines de fois, les imprimer pour vivre avec elles, je l'écoute parler des cartes – Philippe rentre chez lui avec des reproductions immenses de certaines cartes. Pendant ces cinq années, je vis parmi les cartes. Coralie, de son côté, écrira son grand livre *La Voie humide* en basant le plan sur les arcanes majeurs.

Plus tard je rencontre Paul B. Preciado, et découvre qu'en Espagne il n'y a dans les milieux *queer* aucun *a priori* sur la taromantie. Ça relève des savoirs féminins, les connaissances de sorcières invisibilisées par le pouvoir patriarcal – on peut se tirer les cartes sans se cacher à la fin d'un meeting féministe radical sans que personne ne trouve rien à y redire. Des interprétations sont complètement dégagés tous les trucs de masculin-féminin-hétéro traditionnels – mais là encore j'apprends beaucoup, entourée de gens qui s'intéressent aux cartes comme un langage, sans préjugé.

Et je me souviens de la première fois que je tire les cartes à Tania, que je viens de rencontrer, et je vois qu'elle connaît les arcanes majeurs ; heureusement c'est un tirage tout à fait tranquille et rassurant, je n'aurais pas pu tortiller si ça n'avait pas été le cas, le tarot lui est familier. Et bien plus tard, un samedi soir, on joue au poker avec des amis en écoutant les Stones. On se voit tous les samedis soirs, on joue souvent au poker, souvent l'une d'entre eux arrive un peu plus tôt pour se faire un tirage. Et Tania – qui ne boit pas, qui ne fume pas et qui gagne neuf parties sur dix – ramasse la mise, à un moment donné et elle a cette idée – je vais dessiner un jeu de poker rock dont on pourra se servir pour tirer les cartes. Et je dis – super idée, j'écrirai le livre. Et comme Tania ne boit pas, ne fume pas – elle a tendance à faire ce qu'elle a dit qu'elle ferait. Quelques jours plus tard elle dessine la première carte. Elle a punaisé au mur de son bureau un immense carton blanc qu'elle a divisé en 54 cases plus deux jokers – et elle utilise un tirage espagnol, gitan, et le petit livre pour écrire au crayon de papier quel groupe, ou musicien correspond le mieux, de l'idée qu'elle s'en fait, avec le tirage gitan. De mon côté je termine le troisième tome de *Vernon* et quand j'en sors, je commence à regarder de plus près ce qu'elle fabrique. Ça nous occupe un bon moment – nous ne sommes pas toujours d'accord parce que chaque groupe, chaque artiste a une signification propre. C'est compliqué de prétendre que *Sid & Nancy* c'est une carte qui a rapport avec un effort par le sport. Mais pour le reste – des heures de discussion président à l'attribution finale des cartes. Ça ne veut pas dire que c'est scientifique, évidemment qu'on a fait ça comme on voulait, comme on le sentait. Mais ça veut dire qu'on a pris le temps de se demander, selon nous, à quelles notions correspondait chaque figure.

Tania commençait à parler français, elle a trouvé vers République un imprimeur génial pour imprimer les cartes, qu'on a passé toute une journée à classer et assembler, et un sérigraphe dans le quartier, génial aussi, qui a fait les boîtes en métal, on est allées chez une copine, Vava, pour la mise en page du livre, dans un appartement sous les toits. Et les 200 jeux sont partis en deux mois – on a pensé que c'était fait.

C'était il y a cinq ans et elle reçoit chaque année plus de demandes pour le commander, et chaque fois je lui dis : « refais-en 200 », et elle dit : « c'était trop de travail j'ai pas envie » – c'est comme ça qu'on a contacté les éditions Trédaniel, et qu'ils ont répondu : « pourquoi pas ».

J'ai réécrit les textes. J'ai pensé à le faire en écriture inclusive – ne serait-ce que pour faire chier les cons – mais ça me demande trop d'efforts, je ne sais pas la manipuler.

Donc j'ai tout mis au féminin. Toute ma vie j'ai lu des textes au masculin universel, et ça ne m'a pas gênée pour imaginer que ça s'adressait aussi à moi, je me suis dit que les lecteurs qui s'identifient au masculin pourraient faire la même chose.

On a changé quelques artistes, surtout pour les remplacer par des gens qu'on regrettait de ne pas voir dedans. Ou parce que je n'avais pas envie de réécrire un texte pour eux. Par exemple j'aime bien *I Was Made for Lovin' You* de Kiss – mais on n'a jamais mis un disque d'eux chez nous, ni dans la voiture, et pourtant on passe l'essentiel de notre temps à écouter des trucs qu'on n'avait pas encore pensé à écouter. Donc on a remplacé Kiss, et d'autres. D'autres fois, c'était plus délicat – comme quand il a fallu trouver de la place pour mettre L7 – parce que vraiment ça me contrariait qu'elles ne soient pas dans le jeu – et qu'elles ont fini par prendre la place de AC/DC alors que là, si, on écoute souvent AC/DC. Surtout en voiture. Il fallait bien trouver comment faire entrer Dolly Parton ou Bikini Kill. Il y a eu d'autres discussions. Qu'est-ce qu'on fait de la carte Michael Jackson ? Entre le premier jeu et celui-ci – on a regardé le documentaire. C'était une discussion – fallait-il effacer Michael Jackson ? On s'est dit non. On l'a balancé sur les piques, qui est la série des présages plus sombres – et on a pensé : il est autant une facette de la pop qu'une facette du tarot – c'est-à-dire que parfois ça doit parler de ce qui est sombre, dégueulasse ou paradoxal.

On peut utiliser les cartes comme une base de discussion – un monologue ou un dialogue que nous n'aurions pas sans elles, pas de cette façon. Une façon de t'inviter à dire des choses et à faire des associations hors cadre – légèrement décalées par rapport à ce que nous disons d'habitude quand nous nous voyons. Quelque chose comme aller plus directement dans le vif de ta perception – une façon d'essayer de toucher la réalité par un chemin de traverse.

Il y a une propension à expliquer les cartes après coup, à leur donner un sens qu'elles n'avaient pas sur le moment. Ça fait partie du jeu, on ajoute de la magie là où il n'y a que de la coïncidence, voire on trafique un peu pour se convaincre qu'il y avait une annonce claire. On peut aussi travailler avec les cartes en étant convaincue qu'elles ne prédisent pas le futur. Qu'elles ne sont pas là pour ça. Ce que j'ai compris – c'est que celles et ceux d'entre nous qui vivons avec les cartes inventons notre relation avec elles. C'est comme le lesbianisme, les cartes – ce qui est chouette c'est que ça n'existe pas, c'est là, mais il n'y a pas d'enseignement légal, universitaire, sur la façon de vivre avec elles. Chacun sa mélodie – chacun sa méthode.

On peut faire ce qu'on veut d'un jeu de tarot puisqu'au final chacun définit son rapport aux cartes. C'est comme l'écriture – il n'y a qu'un alphabet, qu'une grammaire, mais à partir de là c'est chacun son histoire.

Certains écrivent en espérant s'inscrire dans la grande histoire de la littérature, d'autres pour ne pas oublier ce qu'ils ressentent, d'autres pour faire thérapie, d'autres pour appartenir aux réseaux sociaux, d'autres juste pour faire chier. C'est pareil pour les cartes – chacun en fait ce qu'il a besoin d'en faire au moment où ça lui est utile. Ça peut être thérapeutique – une façon de se connecter à ses émotions, une façon de faire le point. Ça peut être ésotérique – chercher un point d'entrée dans l'invisible, ou un langage permettant de sonder le mystère de ce que contient demain. Ça peut être un appui – une façon de prendre des décisions. Les cartes sont comme un alphabet – un ensemble de signes à associer pour créer un langage. Chaque tirage est une phrase – et chaque lecteur la fait résonner selon sa propre connaissance du langage. Quand on les utilise pour prévoir le futur, les cartes se trompent souvent. Les prévisions des cartes de tarot sont aussi fiables que celles des économistes, c'est-à-dire très approximatives Elles prédisent de la chance là où on va se planter misérablement, elles annoncent des catastrophes là où on fera un carton plein. Certaines d'entre vous ont peut-être un don – j'ai parfois rencontré des gens dont la précision des prévisions était spectaculaire. Ce jeu n'est pas conçu pour ça – il existe d'autres tirages, plus anciens, chargés d'histoire, qui conviennent mieux pour la divination.

Par contre, on peut utiliser ces cartes pour aiguiser son intuition. Si on les traite avec douceur – ce que je veux dire par là c'est si on s'en sert en se voulant du bien – elles peuvent révéler des choses qu'on sait très bien, mais qu'on n'a pas forcément pris le temps de considérer sous cet angle. L'idée rationnelle est simple – l'attention consciente qu'on dirige sur les situations fonctionne comme le cadre au cinéma : elle laisse hors champ non seulement tout ce qui entoure l'action sur laquelle elle se focalise, mais aussi les équipes techniques, les câbles, le matériel, les éclairages Travailler avec les cartes, entre autres méthodes, c'est se permettre de bouger la caméra. C'est moins mécanique que faire des squats ou des pompes – l'intuition et les triceps ne se travaillent pas avec la même précision.

Il y a, bien sûr, les précautions à prendre – si tu tires quatre fois les cartes sur le même thème dans la soirée c'est que tu utilises mal l'outil. Si tu utilises les cartes pour dire à ta meilleure pote tout ce que tu n'oses pas lui dire sous couvert d'autorité ésotérique – tu utilises mal l'outil. Bref les cartes c'est comme tout, il y a toujours moyen d'en faire mauvais usage. Les cartes sont un bon support pour visualiser cette idée de cycle – ce qui te convenait hier ne marche plus aujourd'hui ; ou pour se mettre en face de ses contradictions. Non, le sort ne s'acharne pas sur toi depuis six mois – c'est juste que tu t'en mets plein le nez et que les descentes sont de pire en pire.

Il y a des choses qui reviennent et qui sont négatives – en cas de fragilité, les cartes peuvent devenir comme le shit – quelque chose qui te sert à ne pas te connecter avec toi-même, et qui te traîne vers le bas. Si tu tires dix fois les cartes pour chaque décision à prendre, si tu tires dix fois les cartes sur une même question de toute façon – tu t'embrouilles. Contrairement au shit au sucre à l'alcool – il me semble que le caractère addictif des cartes est assez faible. Ce n'est pas compliqué de ranger ton jeu dans un tiroir et de faire autre chose, une fois que tu réalises que tu t'en sers pour te bloquer, davantage qu'à bon escient.

Est-ce que j'ai déjà pris des décisions en tirant les cartes ? Souvent. Des décisions de travail sur lesquelles je n'arrivais pas à trancher. Est-ce que j'ai déjà orienté l'écriture d'un livre en tirant les cartes ? Sans doute – plus exactement j'ai déjà fait un tirage, dont j'ai tenu compte mais en fait le livre a sa logique, qui s'impose. Ce à quoi peuvent servir les cartes – c'est baisser l'angoisse de s'y mettre.

Pour tirer les cartes, à toi de voir. Premier point : si tu as une culture rock-pop tu connais les figures des cartes, demande-toi ce que l'artiste évoque pour toi. Spontanément, quand tu les tires, demande-toi – à quelle époque de ta vie, à quelles personnes, à quelle émotion tu l'associes. C'est l'idée du truc : t'approprier le jeu.

Ce qui nous amène au deuxième point : c'est à toi d'inventer comment tu fais ton tirage. Le plus simple c'est de commencer par une question, une carte, comme ça les risques de t'embrouiller dans la syntaxe diminuent énormément. Une fois que tu connais un peu les cartes, si elles te plaisent, tu peux faire le tirage le plus simple qui existe : tu mélanges les cartes en te concentrant sur la question que tu poses, tu la formules dans ta tête – et tu te calmes, tu as le temps. Tu étales le jeu devant toi, tu tires trois cartes de la main gauche, sans les retourner, tu les alignes devant toi de gauche à droite et tu tires une quatrième carte qui va sous les autres.

Tu les retournes toutes – il n'y a pas d'histoire de passé récent présent futur. C'est une phrase. Le verbe de cette phrase, c'est la carte qui est seule, en dessous ; c'est-à-dire c'est la carte qui met les autres en route. En fait je ne lis jamais les introductions dans les livres de cartes. Je crois que tu sais comment te servir d'un jeu en te servant d'un jeu, point. Pense que chaque carte est une idée – vois comment elles s'agencent. Si elles vont toutes dans le même sens, vois si ça t'inspire quelque chose par rapport à ta problématique. Si au contraire elles se contredisent – tu te demandes si ça correspond à une contradiction en toi. Ou dans la situation. Si le tirage te fait peur – parce que ça ne va pas dans le sens que tu attendais, range le jeu tout de suite et fais autre chose. L'idée n'est jamais que ça te torde le ventre

– en réalité si quelque chose de mauvais doit t'arriver, les cartes ne vont pas te l'annoncer. Ce n'est pas l'horloge parlante – ne laisse jamais les cartes te faire te sentir mal. Elles sont un outil de conseil et de communication – elles n'ont pas vocation à régenter ta vie. De la même façon, si tu ne comprends pas du tout ce qu'elles expriment ou si c'est en contradiction totale avec ce que tu voulais faire – oublie. C'est léger – on a fait ce jeu en recoupant divers autres jeux, et des entretiens et biographies d'artistes, on a fait ce jeu en s'amusant. Il a pour vocation d'être un truc marrant dans ton parcours – en aucun cas un guide suprême.

LES
Cartes

2

de cœur

BOOTSY COLLINS
& GEORGE CLINTON

Extravaganza

Free your mind and your ass will follow.

Amour, amitié ou collaboration – cette carte symbolise les premiers temps d'une relation du type bulle cosmique. Ce n'est pas une fusion – les individualités ont besoin d'espace pour circuler, il n'y a ni jalousie ni accaparement. Que la rencontre se soit déjà faite ou se produise dans les jours à venir – ne sois ni scolaire ni traditionnelle dans ton approche. Un lien n'a pas besoin d'être facilement identifiable pour avoir une grande valeur, c'est un bon moment pour ne pas chercher à faire comme tes parents faisaient, ou les voisins ou ce que tu as déjà connu dix fois. Innove. Bootsy Collins et George Clinton, c'est la funk, la créativité bienveillante, ludique et azimutée. Ne pas se prendre au sérieux est parfois ce qu'il y a de plus élégant.

L'extravagance n'est pas un problème, tu peux inventer un contrat sur-mesure. Il y a beaucoup de plaisir à prendre et à donner dans cette association. Ne compte pas ton temps et si tu sens que l'apesanteur te saisit, fais l'expérience. S'il s'agit de contradiction intime – laisse-toi vivre, il n'existe pas qu'une seule façon d'avancer, aie le courage de reconnaître ce que tu sais de toi. Liste toutes les raisons que tu as d'avoir de la gratitude, ça te servira infiniment plus que de nourrir la frustration.

3
3

3 de cœur

BIKINI KILL

Kiffance

When she talks, I hear the revolution.
In her hips, there's revolution.
When she walks,
the revolution's coming.
In her kiss, I taste the revolution.

C'est une histoire de groupe, de potes – si ta question est politique, prépare-toi à une phase de réussite inattendue. Les Bikini Kill s'inscrivent dans la tradition du punk féministe – mais en inventant leur propre mouvement, les Riot Grrrl, à une période où le féminisme n'est pas à la mode, elles font avancer l'histoire d'un pas de géant par la seule force du fun. La carte te dit – chope cette balle et cours vers le but, ne te prends pas la tête – tu vas marquer. Si on te dit que ce que tu fais n'a pas grand intérêt – ne perds pas ton temps à formuler de longues justifications. Tu n'es pas en dialogue avec celles et ceux qui ne te comprennent pas – tu parles avec et pour celles qui te seront reconnaissantes de bouleverser l'ordre des choses. Pense à t'amuser. Évidemment il y a une histoire de volonté, de sincérité et de courage. Si quelque chose t'angoisse ou te retient – sois capable de repérer là où ça coince sans te mentir, interviens au bon endroit et débloque le truc. C'est la carte punk positif par excellence – entoure-toi de gens qui partagent tes envies et tes coups de gueule, et faites les choses par vous-mêmes. Ne te demande pas si tu as la légitimité, l'ancienneté, si tu as suffisamment étudié, si tu as assez de documentation : dis ce que tu as à dire, les recettes qui ne devraient pas marcher donnent parfois les meilleurs résultats. Fais ce qu'il te plaît comme il te plaît – tu as la capacité de faire un truc légendaire à partir d'une idée simple, pourvu qu'il y ait une bonne dose d'authenticité dans ton affaire, c'est un présage joyeux et favorable.

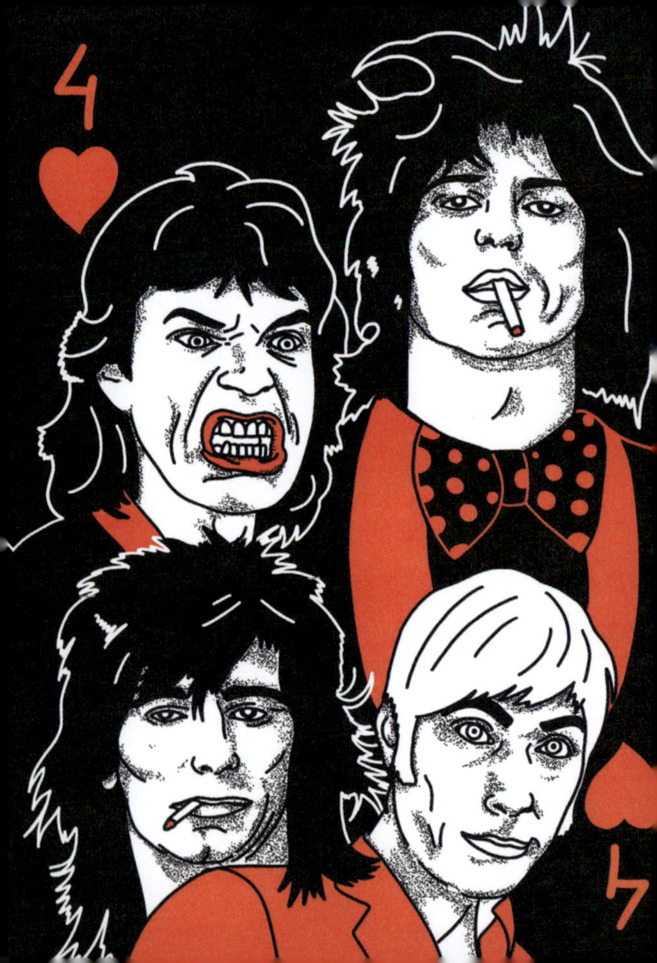
4
4

4 *de cœur*

THE ROLLING STONES

Persévérance

But I need someone
I can cry to, I need
someone to protect,
Making love and breaking
hearts, it is a game for youth,
But I'm not waiting on a lady,
I'm just waiting on a friend.

Oublie les caprices – tu n'obtiendras pas grand-chose de bon en te roulant par terre comme un gosse de 4 ans devant les bonbons à la caisse. S'il y a une décision complexe à prendre, écourte le chapitre des plaintes et ressentiments – tu veux résoudre un problème, pas travailler sur l'interminable inventaire de ceux qui ne se sont pas comportés correctement avec toi. Tu ne peux pas transformer la situation en claquant des doigts, mais tu peux changer ta perspective.

Repense au début – concentre-toi sur ce qui t'a motivée et séduite au départ, remonte le fil du temps et repère le moment où ça a cessé de te convenir. Interviens à cet endroit-là – de façon chirurgicale, sans pour autant bousiller tout ce qu'il y a autour. Si tu as l'impression de faire toujours la même chose avec les mêmes personnes – concentre-toi sur la solidité de vos liens et la valeur de ce que vous expérimentez ensemble, ta perte d'enthousiasme n'est pas irrémédiable. Cette carte c'est la patience, la persévérance – la loyauté aux origines. The Rolling Stones, c'est l'art de soulever la baraque à la seule force du groove. Ça ne veut pas dire ne change rien – au contraire, travaille sur ce que tu connais jusqu'à le transformer, lui insuffler une forme neuve. Il y a un élément à faire émerger. Quelque chose de positif est à portée de conscience. C'est une masse silencieuse en toi, pense à une baleine dans les eaux profondes – une puissance ancestrale, capable de se faufiler avec grâce et qui communique différemment. Quelque chose d'énorme, mais que tu ne perçois pas si tu n'observes que la surface. C'est archaïque, et ça se déplace en toi. Sa puissance est extraordinaire mais ça se joue à un niveau si profond que ça peut échapper à tes radars habituels.

5

5

de cœur

NEW YORK DOLLS

Blasphème

Oh, don't you worry, personality
crisis please don't cry
It's just a personality
crisis, please don't stop!

New York Dolls est un groupe génial, transgressif, précurseur et glam, mais ils se sont compliqué la vie avec trop de drogues, beaucoup d'embrouilles, d'egos et de mauvaises décisions. On peut entrer dans la mythologie – ou simplement faire ce qu'on a à faire – sans payer un prix exorbitant. Toutes les expériences ne sont pas bonnes à tenter. Si c'est une crise de personnalité – commence par faire un tri soigneux entre ce qui marche pour toi et ce qui relève du *bullshit* pur et simple. Tu as tendance à prendre une mauvaise habitude pour quelque chose qui ne doit surtout pas être changé. Par exemple – si tu termines toutes les relations sur une grosse engueulade, demande-toi s'il ne serait pas plus reposant de dire les choses à temps, de recadrer au fur et à mesure ou de mettre des distances avant de péter un câble.

Souviens-toi que quand on ne peut pas gagner, la meilleure chose à faire est d'essayer de ne pas trop perdre. Privilégie l'honnêteté sur l'orgueil – tu as peut-être une part de responsabilité dans ce qui se passe.

La bonne nouvelle c'est que cette période pénible s'annonce courte et surtout qu'elle contient une possibilité de franche amélioration. Tout repose sur ta flexibilité, ta capacité à ne pas recommencer soixante-quinze fois les mêmes conneries en appelant ça la rock' n' roll attitude.

6

6 de cœur

SIOUXSIE SIOUX

Réparation du trauma

Are you listening to your fear?
The beat is coming nearer...
Like that little drum in your ear,
Transfixes you to your fear.

Une plaie ancienne peut devenir cicatrice. Siouxsie n'est pas particulièrement souriante, elle n'est pas là pour jouer l'hôtesse d'accueil au Salon de la dissimulation. Au contraire, elle incite à soigner, panser les blessures en les mettant sur la table. La carte suggère de confronter ce que tu crains, de braquer la lumière sur ce qui te fait honte. Tu peux faire cohabiter des influences diverses, des éléments, tu peux déconstruire pour réassembler – tu peux bricoler un système hautement baroque, mais tu dois aller au plus douloureux, au plus infecté et user de créativité autant que d'insolence pour comprendre comment te guérir.

Cette carte a un rapport avec l'étoile – ce qui brille dans l'obscurité et peut servir de point de repère. Cherche comment te guider, ce qui était confus peut devenir intelligible. La carte déconseille de te vautrer dans la nostalgie, mais suggère de rassembler tes souvenirs pour les lire autrement. Prête attention à ce qui est resté dans l'ombre du cadre, la lumière de l'étoile peut atteindre des zones obscures.

7

7

de cœur

DOLLY PARTON

Travail honnête

You're just a step on the boss man's ladder
But you've got dreams he'll never take away,
In the same boat with a lot of your friends,
Waitin' for the day your ship'll come in
And the tide's gonna turn and it's all gonna roll your way.

Nouveaux visages, bonnes surprises, changements positifs... Des choses que tu attendais depuis longtemps pourraient se réaliser rapidement. Cette carte est un portail, une ouverture – si tu cherches à construire quelque chose, fais-le avec enthousiasme, il y a protection. Ne confonds pas cette sensation de facilité, de propulsion avec quelque chose de solide, ne te monte pas la tête. Pense à l'effet que ça fait de monter une côte sur un vélo électrique – si tu la grimpes en sifflotant et en saluant les piétons, ce n'est pas parce que tes fessiers sont plus puissants que la gravité, c'est qu'il y a un moteur dans ta bicyclette. Profite de l'avantage que la chance te donne, mais ne t'affale pas sur tes lauriers. À la Dolly Parton style, ne te la pète pas, ne méprise personne – garde les pieds sur terre, sois concrète – prépare-toi à fournir des efforts pour rester sur ta lancée. Il y a une question d'humilité – pas au sens de te faire petite, mais plutôt de comprendre que la chance ou la puissance ou la réussite te permettent d'affronter les événements sans craindre ta vulnérabilité, de commettre des erreurs sans en faire un drame. Elles font partie du parcours car tu n'es pas une machine. Le sept de cœur annonce une période propice aux traductions, qu'il s'agisse de comprendre une forme qui n'était pas la tienne et de t'en emparer, ou d'être capable d'empathie et d'exprimer une émotion dans un langage que les tiens comprendront. Tu as la capacité de faire le lien entre deux mondes – de combiner, de retranscrire.

8
8

de cœur

JOE STRUMMER

Solution concrète

Should I stay or should I go?
If I go there will be trouble
And if I I stay it
will be double...

Le huit de cœur évoque une légère tristesse dans le passé récent. Il y aurait dichotomie entre ce que tu t'imposes et ce qui te convient. Il est question d'une pudeur qui frôle l'inhibition, et il est temps de questionner les limites que tu t'es fixées car il est probable qu'elles ne te correspondent plus. Certaines stratégies de défense fonctionnent un temps, puis elles te paralysent, ce sont l'évitement, la procrastination, la peur qui dominent. La plupart des choses que l'on craint n'arrivent jamais, c'est pourquoi il ne faut pas vivre avec elles comme si elles étaient des réalités. Le huit de cœur annonce un déblocage possible. Sur le plan affectif – amoureux, amical ou des gens avec qui tu bosses ou milites, ça peut aussi bien être une rupture, mais à court terme elle sera bénéfique.

Débloquer une situation, c'est de toute façon passer d'un état à un autre, il faut savoir lâcher l'affaire quand ça ne marche pas. Parfois la fuite est la meilleure solution. Privilégie ce qui est neuf – à ce qui n'est pas encore arrivé, à ce que tu n'as jamais essayé. Il y a une idée de cycle, de rythme vital – et une possibilité de passer du concept à une forme concrète, de la rêvasserie à une action réelle. Joe Strummer indique que tu peux faire table rase de tes vieilles habitudes – et construire quelque chose de beaucoup plus efficace et dansant, à la place.

9

de cœur

BOY GEORGE

Caméléon

There's something in my eyes. It's a miracle! It's a miracle! It's a miracle!

And dreams are made of emotion. It's a miracle! It's a miracle!

Cette carte t'invite à être sincère avec toi-même. Les obstacles sont surmontables mais si tu entreprends par pur égoïsme, à court terme le résultat sera négatif. Il est question de miroir de l'âme – si tu ne te confrontes pas à ce qu'il y a de trouble en toi, les succès seront de courte durée. Pour le dire très clairement – si tu veux te teindre les cheveux en vert et t'habiller en Mickey pour mélanger de la techno et du reggae, tu seras surprise de l'enthousiasme que tu déclenches – sur le plan créatif tout est permis, voire tout est encouragé ; cependant si le stagiaire te dit non je n'ai pas envie d'aller dîner chez toi, laisse-le tranquille et n'oublie pas que non c'est non et c'est tout, et rentre chez toi te préparer une bonne soupe au lieu d'insister lourdement. En gros, n'abuse pas, déjà parce que c'est mal, mais aussi parce que ça se retournerait contre toi.

Tu es capable de concilier des forces qu'on t'avait présentées comme fondamentalement opposées. Ce n'est pas un moment de dualité – mais de fluidité. Protéiforme, tu peux compter sur ta séduction pour arrondir les angles et arranger tes affaires, et si tu dois tenir compte de ton environnement, tu n'auras pourtant pas à te couler dans le moule pour qu'on te remarque favorablement.

10

10
de cœur

BEYONCÉ

Loyauté

My persuasion
Can build a nation
Endless power
With our love we can devour.

Avec Beyoncé, ce que tout le monde prenait pour un sommet n'était qu'un palier du parcours. Rien ne peut t'arrêter. Quel que soit le domaine dans lequel tu excelles – tu vas encore progresser. Il y a une idée de triomphe, mais dans la loyauté. Tu n'as pas intérêt à humilier, à trahir ou à sous-estimer. Tu dois fournir un travail acharné pour te dépasser – et tu seras surprise de tes propres capacités. Évite de te replier sur toi-même. C'est la famille au sens large qui te soutient. Ça peut être tes enfants, les gens de ta famille biologique mais ça peut tout aussi bien être tes amis, les gens avec qui tu travailles, ton quartier si ça a un sens pour toi, ou tes groupes d'appartenance tes racines, les liens qui t'unissent à ceux qui t'entourent te seront utiles.

Tes talents sont reconnus, tu suscites l'admiration de ton entourage, tu es en position de réaliser de grands rêves – mais le plus important dans ce parcours sera ton sentiment de pouvoir rendre ce qu'on t'a donné.

j
j

Valet
de cœur

DEBORAH HARRY

Humour

Uh-huh, make me tonight...
Oh, uh-huh, make
it magnificent...
Oh, your hair is beautiful
Oh, tonight
Atomic.

C’est le cœur, l’organe central, le rythme, la force vitale. C’est pourquoi c’est aussi la carte de l’humour – la capacité d’observer aussi bien ce qu’on réussit que ce qu’on plante sans perdre de vue que ce n’est pas trop grave. Si tu as fait ou dit une grosse connerie, reconnais-le et passe à autre chose. Il y a de la joie de vivre et du rire dans cette carte, un truc canaille, pas prise de tête. Blondie c’est un concept pop sucré de la résilience, et de revenir sur des événements franchement dramatiques en portant sur eux un regard thérapeutique par le sens de la rigolade. C'est le contraire de la vulnérabilité, de l'apitoiement, de la victimisation – c'est la résilience dans la pimpance. Ni déni, ni pathos. Ça peut parler de faire de l'argent assez facilement – ou de le dépenser sans trop réfléchir et sans conséquence dramatique. Tu peux sauver ta peau sur un coup de tête. Essaye des nouvelles choses, sois curieuse. C'est un présage de bonne énergie, d'inventivité – d'aide inattendue aussi. Amuse-toi, saisis la chance si elle passe sans tergiverser – c'est une carte légère, rapide, atomique.

Q
Q

Reine
de cœur

MARIANNE FAITHFULL

Rétablissement

I am a Fabulous Beast, and as such, I should only be glimpsed very rarely, through the forest, running away for dear life.

C'est la muse devenue poète. Retourne le miroir, réfléchis. Tu as traversé toute la gamme des émotions, en passant par les plus difficiles, et tu as beaucoup appris. Même quand plus grand monde ne pariait sur ton retour, tu as continué de croire en toi – et tu avais raison. Ta capacité de réinvention est infinie. Ton inspiration est au plus haut – c'est le moment de concrétiser les choses. Par exemple si tu penses à un sujet de roman depuis longtemps, c'est un bon moment pour t'asseoir et écrire une première ligne. Aie toute confiance en ta capacité d'exprimer tes émotions.

Si ça ne ressemble à rien qu'on connaisse, ne te prends pas la tête, continue. Tu peux être à la fois révolutionnaire et classique, c'est un drôle de mélange, qui te réussit bien. Quelque chose de crucial ne demande qu'à prendre forme, à toi de jouer. Les gens viennent vers toi pour te demander conseil, ne les envoie pas chier systématiquement, mais ne te prends pas non plus pour une assistante sociale, Marianne Faithfull n'est pas là pour faire plaisir à tout le monde, ni pour plaire à qui que ce soit.

K
K

Roi de cœur

LEONARD COHEN

Poésie

Ring the bells that still can ring, forget your perfect offering
There is a crack in everything, that's how the light gets in.

La carte représente quelqu'un qui est comme une maison, un refuge – et c'est probablement de toi qu'il s'agit. Fais-toi confiance – tu as tout ce qu'il faut pour te protéger, te nourrir et t'orienter. Sois plus attentive à tes forces qu'à tes vulnérabilités. Tu peux faire confiance à la gentillesse, la tendresse. Si tu dois obtenir ce que tu désires, ce ne sera certainement pas par la brutalité. Il est question d'apaisement – soit tu as un effet thérapeutique sur les autres, soit quelque chose ou quelqu'un sur ton chemin te calme. Il est possible que la carte parle d'un lieu – et qu'il ait un rôle important à jouer. Il est question de temple, de recueillement ou de rassemblement.

Ne crains pas la violence, tu es capable d'être calme dans la tempête. Tu cherches l'équilibre et tu le trouveras dans le mouvement, pas dans la rigidité. L'équilibre, c'est toujours renouveler sa position, ne crains pas d'être sensible et déstabilisée – tu te rétablis. Si tu es prise dans un conflit entre ton cerveau et ton cœur, observe attentivement ce que dit ton cœur. Rends-toi disponible à ta propre poésie, c'est-à-dire un rapport instable et magique avec tes propres sentiments.

A
A

As de cœur

TINA TURNER

Sérénité

Give me a lifetime of promises
and a world of dreams
Speak the language of love
like you know what it means.

Tina Turner dit : « Toi, exactement telle que tu es, es digne de tout l'amour, la bonté et la joie du monde. » Il va y avoir de la joie, alors sois préparée. Tu peux croire en toi-même dans les situations les plus désespérées. Débarrasse-toi de tous les *a priori* qui ont fait leur temps. C'est de renouvellement qu'on parle. Plénitude émotionnelle, rencontre romantique, réconciliation importante – il y a du changement, de la chance, du soutien. Si tu as l'impression que ça fait longtemps que tu attends d'aller mieux – Tina Turner est le présage le plus positif qui soit. Si tu t'ennuies dans ta vie, mets-toi à la méditation et demande-toi pourquoi tu ne crois pas aux bonnes surprises, elles vont avoir lieu. Sache accueillir ce qui est positif. Dans le domaine créatif, excellente nouvelle : ton inspiration est renouvelée. Ne blâme pas les autres. N'abandonne pas. Apprécie-toi pleinement, telle que tu es aujourd'hui.

2

2

de carreau

THE WHITE STRIPES

Minimalisme

The coldest blue ocean water cannot stop my heart and mind from burning.

Si tu rencontres toujours les mêmes problèmes, cesse d'appliquer toujours les mêmes solutions. Sois inventive. Le mieux est l'ennemi du bien, ne va pas chercher midi à quatorze heures, change ta façon de faire de manière très pragmatique, sans fioritures inutiles. Si tu es fatiguée, prends des vacances, ce n'est pas plus compliqué que ça. Si tu es sur un projet ambitieux et que ça t'angoisse, décompose par étapes et concentre-toi sur les tâches une par une. Garde pour toi ce qui ne regarde pas les autres. Les gens qui t'entourent ne sont pas des thérapeutes. Ce n'est pas le moment de déverser ton intimité sur la place publique. The White Stripes repose sur une grande simplicité, alliée à de l'efficacité maximum.

C'est une carte qui te dit avance – c'est le bon moment, mais *less is more*, donc occupe-toi de faire tout ce que tu as à faire aujourd'hui, et seulement ce que tu as à faire aujourd'hui.

3
3

de carreau

JIM MORRISON

Le lézard

When you're strange
Faces come out of the rain
When you're strange
No one remembers your name.

C'est une carte de franche réussite, mais qui ne donne rien gratuitement Ça peut marcher, ton truc, mais ça ne va pas se faire tout seul. On a toutes en nous le rêve d'aller se coucher défoncée et de se réveiller le lendemain en ayant accouché d'un grand chef-d'œuvre tandis qu'on dormait. Ou en ayant appris une langue étrangère, ou les lois du cosmos – quelque chose de grandiose, qui viendrait sans effort. Mais plus longtemps tu resteras vautrée sur ton sofa à soliloquer plus tes projets se gonfleront d'ambition, de mégalomanie, de ressentiment pour tous ceux qui t'entourent – et plus ils deviendront difficiles à réaliser.

Ne confonds pas perfectionnisme et exigence avec d'excellentes justifications pour ne rien faire du tout. Cesse de comparer ce que tu fais avec ce qui a déjà été fait – tu n'es probablement pas la nouvelle prophétesse, ni une déesse de la mythologie. Calme-toi. Tu es imparfaite, d'autres ont fait mieux que toi, ce n'est pas grave. Dompte ta violence, ta capacité de blesser ou de terroriser autrui sous prétexte que tu te sens vulnérable ou que tu es blessée. L'intégrité, dans ce cas, consiste à apprendre à faire les choses sans agressivité inutile. Tu peux amener dans le monde quelque chose de franchement positif – si tu as le courage de dealer avec ton égocentrisme. Si ton ego fait le grand 8 descends du manège et retrouve le contact avec la terre ferme.

4
4

4 de carreau

THE BEATLES

Pacte

There's nothing you can
do that can't be done
Nothing you can sing
that can't be sung
Nothing you can say,
but you can learn
How to play the game
It's easy.

S'il est humain d'avoir son propre intérêt en tête, il est parfois nuisible de le faire passer avant tout le reste – il arrive qu'on tire bénéfice de penser aux autres autant qu'on pense à soi. Pragmatiquement, ici, tu as intérêt à partager. La mesquinerie est un mauvais calcul. Prête attention aux contrats que tu établis – les vrais contrats qu'on signe, ou ceux sur lesquels on se met d'accord implicitement – aux pactes que tu as passés. Fais l'inventaire de ce à quoi tu t'es engagée, et sois précise sur ce que tu attendais en retour – apprends à le faire savoir clairement et calmement. Tu n'es pas obligée de provoquer des engueulades homériques pour être prise au sérieux, être ferme et savoir négocier pourrait suffire amplement. Il y a un présage de grande chance associée aux Beatles – pourvu que tu prennes le temps de te convaincre toi-même que tu mérites ce que tu demandes.

5
5

5

de carreau

BETH DITTO

Crise de confiance

Standing in the way of control
You live your life
Survive the only way
that you know.

Si tu t'autorises à te trouver des qualités, elles deviendront évidentes aux yeux des autres et tu verras les obstacles d'aujourd'hui comme ce qu'ils ont été – des contrariétés mineures.

C'est une période charnière de ta vie, et tout dépend de ton attitude. Pense au tir à l'arc – garde le regard fixé sur ta cible, ne te laisse pas distraire de ce que tu désires accomplir. Une fois que tu es concentrée – accepte les retards, les contrariétés comme faisant partie du projet. Il y a du chaos mais tout se traverse et pourrait changer en ta faveur. Reste sur tes positions sans pour autant être psychorigide. OK, c'est difficile, mais garde à l'esprit que ce qui est relou aujourd'hui n'est pas ce qui sera relou demain. À chaque problème, demande-toi – est-ce que ça sera encore important dans un mois ? Ne perds pas toute contenance au moindre imprévu – traite-toi comme une princesse, même si les résultats escomptés ne sont pas immédiatement au rendez-vous. Et si tu as la sensation d'être face à un mur – cherche une faille, ou cherche comment le percer – ne fais pas de longs détours pour le contourner, trouve ton passage.

6

de carreau

BOB DYLAN

Transformation par la vérité

How many roads must a man walk down
Before you call him a man?

Tu peux te voir comme une enquêtrice sur le long terme – ne tiens rien pour acquis, la réponse à l'énigme est sans doute sous tes yeux mais elle fait tellement partie du décor que tu n'y fais plus attention. Retourne les objets qui t'entourent, les idées familières, et regarde dessous, derrière – examine tout ce que tu ne vois plus tant ça fait partie de ton quotidien. C'est la percée par le détail, c'est-à-dire la sophistication.

Tu peux tout transformer à condition de prêter attention aux petites choses, et d'avoir le courage de confronter ce que tu sais devoir accomplir. Ce que tu découvres est susceptible de te déstabiliser – ta vérité est plus importante que ta popularité. Bob Dylan, c'est la carte de l'écriture par excellence. Il y a une question de lenteur, d'assemblage besogneux. S'il y a isolement, il ne durera pas – tu trouveras des alliés pourvu que tu sois sincère.

C'est un présage de nouvelle énergie, peut-être de recommencement – mets de l'ordre dans tes idées. Ne perds pas ton temps à vouloir mettre tout le monde d'accord. Si tu es sûre de toi – les gens qui t'entourent finiront par comprendre ce que tu voulais entreprendre. N'attaque pas gratuitement, concentre-toi sur ce qui compte. Trouve comment gérer ton insécurité autrement que dans l'arrogance, qui peut te saborder.

7

7

de carreau

COURTNEY LOVE

Brutalement honnête

Can't make a hooker come
An eight ball isn't love
I need one thing that's divine
Let me hear it tonight.

Tu es douée pour dire tout ce que tu penses, et il est possible que ça t'apporte un certain nombre d'emmerdements. Ne privilégie pas le bruit de ta colère au détriment de ton objectif. Tu veux être aimée ? Surveille ton coup de boule. Les gens à qui tu viens de péter le nez ne vont pas venir te câliner tout de suite. Même si tu as raison, qu'ils ont tous tort et que tu ne comprends pas comment on peut être aussi con – on doit pouvoir t'approcher sans risquer de se prendre une trempe. N'assène pas n'importe quelle nouvelle n'importe comment à n'importe qui sous prétexte de te délester – sois scrupuleuse. Tu as peut-être été injustement calomniée, ou trahie – ne gaspille pas ton énergie en procès que tu es sûre de perdre. Tu as beaucoup mieux à faire. Tes forces vitales sont intactes, ton intelligence analytique est exceptionnelle – concentre-toi sur ce que tu veux construire, davantage que sur ceux qui te veulent du mal. Surveille tes actes dans les moindres détails, car des faits anodins pourraient t'être reprochés comme si c'étaient des choses graves.

Choisis ton domaine d'action, choisis tes armes – choisis tes opposants, mais surtout choisis ton combat.

8
8

8

de carreau

NINA HAGEN

Nouvelle perspective

And I don't care
what people think,
What people think,
or how they stare.
My energy-level clines up high,
I'm sooo happy, that
I have to cry!

Tout marche bien pour toi, tu as des opportunités, et tu as le vent en poupe, alors il est difficile de te conseiller de prendre le temps de bien réfléchir à ce que tu ressens. Pourtant il est envisageable que tu te fasses des idées fausses sur toi-même et que ça te gêne dans un avenir proche. N'utilise pas ton intelligence pour éviter tes émotions. Nina Hagen, c'est l'impensable. Elle est une diva d'opéra qui se met au punk pour reprendre du reggae et entre dans l'histoire cathodique en se masturbant avec le micro pendant une interview. *Guess what, it worked fine for her.* Ici, la route que tout le monde emprunte n'est pas forcément la meilleure. Tu as déjà la clef, mais ça ne veut pas dire que tu saches où elle est, ni même quelle porte elle va ouvrir. Ce n'est pas une carte de conformisme et de tradition. Un cycle est complété et tu veux tout précipiter pour éviter de ressentir le vide entre deux histoires. Fouille tes poches, ta mémoire, ta conscience – tiens-toi prête pour le changement. Non, le monde ne va pas s'effondrer parce que tu demandes un peu de temps pour comprendre ce que tu vas faire.

9
M

9 de carreau

MARY J. BLIGE

Récompense

Broken heart again
Another lesson learned
Better know your friends
Or else you will get burn
Gotta count on me
Cause I can guarantee
That I'll be fine
No more pain.

C'est le moment du *payback*. Si la carte voit juste, un changement profond a déjà eu lieu, tu as su protéger ce qui était fragile et précieux et pourtant les bourrasques ont bien secoué ta baraque. Mais c'est fait, c'est derrière toi. S'il y a dépression, tu en vois le bout – tu commences à rassembler tes forces. C'est une situation d'accalmie, ça va durer un moment parce que le calme vient de toi et que tu as beaucoup appris. De bonnes choses t'attendent, et ce n'est pas par hasard, tu l'as mérité. Si des événements te secouent encore – tu trouveras comment te recentrer rapidement. C'est un succès remporté avec lenteur, qui t'a pris du temps, et ton intuition t'a beaucoup servi. Tu as acquis une grande force pour protéger ceux qui te sont proches. Sois indulgente, surtout avec toi-même, sois consciente de ton pouvoir. Si on te propose un voyage, il sera fructueux. Tu portes en toi un projet important – prends ton temps pour le mener à bien et réalise à quel point tu peux compter sur toi-même pour résoudre n'importe quel problème.

10

10
de carreau

JOAN JETT

Sororité

I don't give a damn
'bout my reputation
You're living in the past,
it's a new generation
A girl can do what she
wants to do and that's
what I'm gonna do.

Après la dissolution des Runaways, vingt-trois labels discographiques ont refusé le projet solo de Joan Jett. A-t-elle baissé les bras et déclaré forfait ? Non, elle a créé son propre label pour produire son disque, et ceux de tous les outsiders de l'industrie. Ce n'était pas une mauvaise idée de s'entêter à faire ce qu'elle voulait – son deuxième disque s'est vendu à dix millions d'exemplaires. D'où le conseil de la carte – crée toi-même ta réputation, et ouvre ta maison aux autres. Joan Jett, c'est la daronne par excellence. Un tour de piste important se prépare pour toi. Soigne-toi, panse tes plaies, mets tes affaires en ordre, tu vas pouvoir te mettre au travail et une fois lancée il sera difficile de t'arrêter ou de te faire dévier. Dans les tirages, les 10 sont toujours ambivalents – si au moment où ça se passe bien tu n'es pas préparée, la chance pourrait ne te servir à rien. C'est une bonne carte pour un coming out – qui ne parle pas forcément d'orientation sexuelle mais de n'importe quelle vérité dont tu crois qu'elle doit être révélée.

J

Valet

de carreau

CARDI B

Euphorie

If I see you and
I don't speak
That means I don't
fuck with you
I'm a boss, you're a worker bitch
I make bloody moves.

Ici, il y a une idée de timing – choper le premier temps de la mesure et tenir le rythme. Il y a toujours une énergie adolescente avec les valets, une ambiance de printemps, de pétulance, d'exubérance et ce n'est pas Cardi B qui va calmer le truc. S'il y a couple – sentimental ou amical ou de travail – ce n'est pas forcément tranquille, mais c'est solide et si c'est une association créative – c'est fertile. Les sentiments sont intenses, et authentiques. Possible que ça te rapporte beaucoup d'argent, ou un déluge de *followers* selon ce que tu cherches, en tous cas le travail est récompensé immédiatement. C'est une carte particulièrement favorable pour toutes les travailleuses du sexe vu qu'il est question de lien entre argent et sexe. Cardi B est une bonne carte s'il s'agit de sexualité.

N'hésite pas à profiter de l'argent que tu gagnes. Il n'y pas de culpabilité à avoir. Si tu as une passion à côté de ton boulot, c'est le moment de te demander si tu ne peux pas faire avancer les deux de front. L'inspiration peut venir de manière inattendue – ne la laisse pas passer, pense à elle comme à une biche, elle peut s'effaroucher très vite si tu fais un geste de travers et le bon moment sera passé.

Q
Q

Reine de carreau

FREDDIE MERCURY

Jouir sans remords

She's a Killer Queen,
gunpowder, gelatine,
Dynamite with a laser beam,
Guaranteed to blow your
mind... anytime!

Freddie Mercury impose la figure de la diva lyrique dans le rock macho. Il rend possible l'impensable. C'est le chemin qui compte, la recherche, le labyrinthe. Il peut y avoir une sensation récente de persécution – tu te délivres en continuant d'avancer. Ta façon de parcourir la route définit le résultat – tu peux devenir un lien entre des mondes qui n'ont pas grand-chose à faire ensemble. Il n'y a aucune raison de choisir un univers au détriment d'un autre – il n'est pas question de sacrifice. Ne sois pas une traîtresse à ta cause – cela serait contre-productif, assume tout, c'est ça ton œuvre.

Ton dynamisme et tes intuitions t'ont conduite à une situation très positive, tes talents sont reconnus. Protège-toi des amis qui te veulent du bien mais te donnent des conseils idiots. Attention aux jalousies, celles des autres et la tienne – tu as trop à faire pour te comparer à qui que ce soit. Tu peux te permettre de te tromper, tu as de la marge. Profite de ce moment, sois fière de ce que tu es – tant que tu ne te conduis pas comme une sans-vergogne, évidemment. Si c'est le cas, les cartes ne peuvent rien pour toi de toute façon. Mais en règle générale, *have fun* – respecte tes valeurs et concentre-toi sur tes qualités.

K

Roi de carreau

PRINCE

Insolence

And if the elevator tries
to bring you down, go crazy
– punch a higher floor
Let's go crazy, let's get
nuts, let's look for the
purple banana, let's go!

Prince est une figure de sophistication qui autorise le désordre – sois au centre de tes attentions. C'est une carte de plaisir, de talent, de sensualité – et de communication facilitée. Si tu as la sensation que quelque chose est venu ternir une pureté, qu'une eau qui était limpide est troublée – aie confiance, la vase redescend et aucune forme n'est définitive. Le présage est bénéfique, qui parle d'intentions justes, de finesse et de protection. Il y a un retournement de situation en ta faveur, et ce sera doux. Même si ça veut dire que tu opères un tour à 180 degrés sur toi-même, ça se fera de manière amniotique, dans une logique de renaissance. Si on te conseille de rentrer dans le rang, c'est qu'on ne comprend pas où tu veux en venir. Ça fait parfois partie du job, faire bouger les lignes des évidences. Tu peux te délester de tout ce qui pèse, aller vers la sincérité et le dénuement. Éloigne-toi de tout ce qui soulage brièvement et se retourne contre toi aussitôt. Méfie-toi de ta propension à tout sacrifier à une seule cause.

A
A

As de carreau

MADONNA

Diamant

Got no boundaries and no limits. Don't stop me now.
Don't need to catch my breath,
I can go on and on and on.
When the lights go down
and there's no one left,
I can go on and on and on.

Autant le dire tout de suite – Madonna est la carte la plus bénéfique de tout le jeu. À toi les manettes, le gouvernail, la table de mixage, le tableau de bord et les clefs du coffre… Quelle que soit la situation, tu as dans ta boîte les outils pour que tout réussisse. C'est le soleil, la créativité, la force vitale qui permet la croissance de toute chose. Si tu es en train de travailler sur un truc, prépare-toi à vraiment le réussir. Si c'est une question relationnelle, tu es bien entourée. Si tu te posais des questions sur l'argent – ces factures devraient se régler. Il y a une question d'indépendance et de force de caractère – si tu es une femme battue, fais tes valises immédiatement. Tu vas vivre ta meilleure vie loin de ce crétin. Si tu doutes de ta force, aie confiance en ta capacité à trouver les meilleurs soutiens. Tu es une guerrière, pas au sens meurtrier du terme, mais passe en mode conquête – rien ne peut te résister.

2

2

de pique

SID & NANCY

Décisions difficiles

Are you lonely you got no one
You get your body in suspension
That's no problem, problem
Problem, the problem is you !

Pour celles qui ne connaîtraient pas trop l'histoire – avec Sid et Nancy on n'est pas dans la romance façon valse de Strauss à la Sissi impératrice. C'est plutôt – tout ce qui peut aller mal va aller de plus en plus mal, on trouve des seringues, des dealers d'héroïne, des embrouilles de défoncés, un coup de surin dans le ventre suivi d'une OD. On a connu plus pimpant. La bonne nouvelle – c'est que le 2 est une carte de court terme. Il y a des options pour régler le conflit– mais il y a des chances pour que tu sois incapable de saisir la nature du problème, donc les solutions, laisse tomber. Le mieux que tu puisses faire, c'est ne pas ajouter des emmerdements sérieux à des contrariétés. Ce n'est pas parce que ton chauffe-eau est en panne qu'il faut t'acheter une pipe à crack. Il y aura peut-être des retards, déceptions, engueulades, situations chaotiques, mauvaises associations – mais on n'est pas dans des difficultés décisives, plutôt dans le domaine de la contrariété. En règle générale, n'oublie pas que l'usage de drogues dures débouche rarement sur des triomphes, qu'aimer passionnément les gens qui te détruisent, même si le sexe était bon les premières fois, aboutit généralement à des dépressions, qu'essayer de voler la caisse de la boîte où on bosse mène souvent à la case prison Et aussi : tu n'es pas obligée de faire tout ce qu'on attend de toi, surtout si tes potes t'apprécient parce que tu te vomis dessus quand tu fais un coma éthylique. Tu n'es pas là pour amuser la galerie.

3

3 de pique

KURT COBAIN

Égocentrisme

Love myself better than you I know it's wrong so what should I do?

On dirait que les événements repassent sur le même trauma avec insistance, et le réveillent sans que tu saches comment prendre tes distances. La douleur émotionnelle peut passer dans le physique. Il y a de la culpabilité dans cette étape, l'impression qu'on te repousse et qu'au fond on a raison de le faire car tu aurais quelque chose à te reprocher. Fais bien attention à ne pas croire que ce qu'il y a de plus intéressant et aimable en toi, c'est la douleur. Et occupe-toi de régler tes affaires avant de vouloir sauver le monde – c'est-à-dire ne t'embarque pas dans des trucs que tu vas planter parce que tu n'as pas les moyens pour le moment de les mener à bien. C'est une carte 3, c'est passager. Ne perds pas de vue que ta douleur n'est pas un outil pour contrôler ton entourage, ni pour éviter de formuler clairement des reproches. Tu te sens exploitée, exhibée, humiliée – il est possible qu'un changement de perspective te fasse comprendre que c'est une interprétation subjective, une façon de refuser les choses positives. C'est à toi de comprendre ce qui te convient, personne ne peut le faire à ta place – sauf si tu as moins de 10 ans. On t'a certainement fait du mal, des gens sont en tort vis-à-vis de toi – mais tu n'es pas obligée de ressasser ça pendant des décennies.

4
4

4 de pique

RAMONES

Isolement

24 hours to go, I wanna be sedated, just get me to the airport,
Put me on a plane, hurry, hurry, hurry, before I go insane,
I can't control my fingers,
I can't control my brain...
I wanna be sedated.

Tu traverses une phase bizarre : tu ne peux pas rester tranquille et pourtant tu manques d'énergie. Tu viens d'avoir quelques problèmes, ou de fournir un gros effort, tu n'as pas l'impression qu'il a été récompensé à sa juste valeur et tu es exténuée. Tu n'es pas vraiment seule, tu n'es même pas mal entourée, et pourtant tu te sens isolée. Tu as l'impression de vivre avec un nuage noir au-dessus de ta tête, et qu'il ne te lâche pas. Comme si une menace imminente et indéfinissable pesait sur toi. Fais attention à tes projections – ce n'est pas parce que tu attends le pire qu'il se produira. On pèche parfois par excès de pessimisme. Le temps est venu de te reposer ; si tu peux être tranquille un moment quelque part, n'hésite pas, c'est le bon moment. Ne te prends pas la tête, ne cherche pas midi à quatorze heures. Annule tout ce que tu n'as pas vraiment envie de faire. Les Ramones, c'est quatre accords, une bonne mélodie, un look impeccable et l'attitude raccord. Ils font de la pop punk, ils ne se prennent pas pour des génies ou les fondateurs d'une nouvelle philosophie – mais ce qu'ils font, ils le font comme personne d'autre. Conclusion, finalement – c'est un groupe majeur et marquant d'une époque pourtant prolixe. Cherche la détente, la simplicité – implique-toi sans réserve. Tout va bien se passer.

5

de pique

JIMI HENDRIX

Addiction

There must be some kind
of way out of here,
Said the joker to the thief,
There's too much confusion,
I can't get no relief.

C'est le métal travaillé au feu, tu es capable de changer la forme de choses qui paraissaient immuables. Pourtant tu as l'impression d'être au bord de la déroute, tu es terrorisée à l'idée d'être humiliée sur la place publique. Il y a un décalage entre ce que tu incarnes pour les autres, ta séduction dangereuse, ta vibration chatoyante -- et ce que tu ressens, la timidité, le doute. Oublie l'orgueil. Ne cherche pas à faire bonne figure. Si tu as besoin de demander de l'aide, fais-le. Si tu as envie de te plaindre, pareil. Une confusion te pèse, obscurcit ta pensée – et tu ne vas pas trouver la solution toute seule. Frappe à des portes, ouvre des livres, confie-toi – tu vas trouver le secours qu'il te faut, mais seulement si tu apprends à recevoir. Tu vas sans doute connaître encore un moment d'oscillation entre le bruit et la mélodie – et c'est dans cet aller-retour que tu trouveras de la grâce. Mais toutes les batailles ne sont pas bonnes à livrer et tu n'es pas faite en acier trempé – admets que tu as besoin de soutiens extérieurs.

Si ta question concerne le domaine artistique, il est possible que tu doives faire le chemin dans la fébrilité, mais ça vaut le coup de fournir l'effort – tu connais ton talent mais tu ne sais pas encore jusqu'où il peut te porter.

6
6

6 de pique

MICHAEL JACKSON

Confronter

*People always told me be
careful of what you do ...
And mother always told me
be careful of who you love
Be careful of what you do
'cause the lie becomes the truth.*

Un sentiment d'invincibilité peut mener à la déroute... Tu n'es pas une déesse, tous les coups ne sont pas permis et les individus qui t'entourent ne sont ni des victimes ni des esclaves, méfie-toi de l'arrogance, elle est mauvaise conseillère. N'abuse pas de ton pouvoir. Ne harcèle pas ton ex. Si on répond par la négative à une demande que tu as faite, tiens-le-toi pour dit. N'appelle pas tes collaborateurs en pleine nuit, n'humilie personne gratuitement. Si ton idée de la séduction consiste à souffler le chaud et le froid pour ferrer ta proie – change de stratégie, elle va te revenir en boomerang. De façon moins caricaturale, il peut exister en toi une lutte entre l'instinct et la raison. La pire des solutions serait de la jouer à la bourgeoise – céder à la pulsion destructrice et prétendre que tu n'as rien fait. La meilleure chose à faire reste de reconnaître humblement que tu as perdu les pédales. Si tu te sens embarquée dans un dilemme insoluble entre ce que tu désires et ce que tu dois faire, trouve un interlocuteur neutre avec qui en parler, cherche à mettre des mots sur ce qui t'arrive, ne fuis pas. Tu as construit des choses auxquelles tu tiens, et il serait juste qu'elles restent en place – privilégie ce qui est correct à ce qui est indéfendable, cela demande une grande force de caractère mais si tu parles à haute voix de ce qui t'arrive, tu réaliseras que tu n'as pas le choix.

7

7

de pique

MARVIN GAYE

Autosabotage

Father, father
We don't need to escalate
You see, war is not the answer
For only love can conquer hate
You know we've got
to find a way
To bring some lovin' here today.

C'est comme siffloter sous la pluie battante, les mains dans les poches – sans se presser, en n'ayant l'air de rien. Tu peux toujours faire comme s'il faisait beau, mais t'es quand même trempée. La dissociation entre ce qui se passe et ton attitude n'est pas toujours la meilleure défense. Quand il ne s'agit pas de ton cas, tu fais preuve d'une belle sagacité, tu as même un certain talent pour porter la parole des autres. Mais quand tu dois prendre des décisions pour toi-même – tu peux avoir tendance à déblatérer pendant des heures, toujours sur autre chose que l'essentiel. Quand tu analyses ta situation, tu le fais pour échapper à tes émotions. Cette carte peut aussi indiquer que ce sont des créanciers en colère que tu fuis. La situation est moins angoissante que tu ne l'imagines – il y a beaucoup plus de solutions que de problèmes, dans ton cas. C'est une carte de contrariétés brèves, sans grande importance en elles-mêmes – ce qui peut te coûter cher, c'est de prendre de mauvaises décisions pour te protéger. Connecte-toi à ce qui se passe, compte sur toi-même davantage que sur ceux qui doivent te protéger – c'est une averse passagère, pas la mer à boire. Essaye de faire la différence entre les deux et abrite-toi correctement.

8
2PAC
EARTLESS
50
THUG LIFE
8

de pique

2PAC

Entourage pénible

No one knows my struggle,
they only see the trouble
Not knowing it's hard to carry
on when no one loves you.

Surveille ce que tu dis. Ta langue ne doit pas être plus rapide que ton intelligence et tes déclarations pourraient avoir plus de conséquences que ce que tu attends.

Évite les ragots, ne blesse pas pour le plaisir de faire un bon mot, ne trahis pas les secrets, ne te confie pas à n'importe qui. Et dans le même ordre d'idées – il est possible que ta parole libère, que tu trouves les mots justes si tu les cherches soigneusement et que tu parviennes à formuler quelque chose d'important. Si tu te révoltes, ne le fais surtout pas sans émotion, le moment est mal choisi pour affirmer ton opposition si tu n'es pas complètement convaincue de ce que tu dis.

Il y a une idée de renommée dans cette carte – elle peut t'être favorable comme se retourner contre toi. Attention à ton entourage, tout ce qui est fêtes, cérémonies à gros budgets est positif à condition d'être sûre de ceux que tu convies. On peut vouloir profiter de toi, comme on peut vouloir retourner contre toi ce que tu as donné. Si tu as l'impression d'être paralysée dans une identité qui est trop juste pour toi, libère-toi de ce qu'on pense de toi et va vers ce que tu as de plus spirituel.

9

de pique

NINA SIMONE

Ressentiment

But I'm just a soul whose intentions are good
Oh Lord, please don't let me be misunderstood.

Tu as la sensation de tourner en rond, tu te sens immobilisée par quelque chose de plus grand que toi. Un chagrin pesant ou une colère dévorante – ça te dépasse, c'est résistant, massif et tu te sens incapable de faire ce qu'il faudrait. Cela peut concerner une relation qui aurait tourné à l'addiction – un attachement qui t'empoisonne, te fait te sentir malheureuse, te remplit de honte. Tu t'obstines à chercher la consolation dans ce qui te détruit et tu es terrorisée à l'idée de changer de stratégie. La charge que tu portes est trop lourde mais il semble qu'elle fasse désormais partie de toi. Et tu as probablement de bonnes raisons d'être dévorée de rage – des injustices ont été commises. Mais la vraie colère est un incendie – on ne la dirige pas – à ce stade tu crains qu'elle brûle tout ce qui t'entoure avant de s'en prendre à toi. Tu ignores encore comment transformer ce plomb en or – mais il y a une idée de passage dans cette carte. C'est une fin de cycle, ça peut paraître difficile à croire mais tu seras sans doute capable de retirer quelque chose d'unique de ce que tu viens de traverser. On murmurera à ton oreille un secret que tu es prête à entendre. Reste attentive, l'angoisse qui paraissait si compacte va se fissurer en un endroit – et cette brèche va s'ouvrir en grand. Il est même possible que tu aies gagné en confiance en toi dans cette galère, ou mieux compris ce dont tu avais besoin – l'essentiel, c'est de se souvenir que cet abattement n'a rien d'une fatalité.

10
01

10 de pique

JANIS JOPLIN

Passage

You say it's over baby, Lord,
you say it's over now,
But still you hang around me,
Come on, won't you move over.

Tu as tout ce qu'il te faut et pourtant l'air est lourd, quelque chose pèse, tu es gênée pour respirer. C'est la traversée, le passage d'un niveau à l'autre. Il faut lâcher la rive pour atteindre l'autre côté d'un fleuve. Ce n'est pas une décision à prendre – c'est déjà en train de se produire. Tu peux perdre pied facilement, ta détermination est peut-être moins solide que tu ne l'imagines et le dix de pique est un avertissement : prends-toi au sérieux, ne fais pas les choses à la légère, ne rechute pas dans de mauvaises habitudes en te racontant que c'est juste pour un soir.

Janis Joplin c'est un cri dont la seule certitude est qu'il est juste et puissant.

Crainte, plainte ou joie – tout est conjugué. Exprime-toi sans chercher à ressembler aux autres, n'appauvris pas ton propos pour le rendre facilement accessible. Ne te laisse enfermer dans aucune certitude. C'est un processus solitaire, une recherche sinueuse et profonde mais qui n'exclut pas que tu rigoles, prennes du plaisir ou fasses des rencontres. Rien n'est blanc ou noir dans cette carte qui est celle de la nuance, du paradoxe et de la subtilité.

J

Valet
de pique

AMY WINEHOUSE

Méfiance

We only said goodbye
with words,
I died a hundred times,
You go back to her
And I go back to black.

Toutes les fidélités ne sont pas vertueuses – si tu brandis des principes moraux pour te foutre en l'air, ils perdent leur valeur éthique. Réfléchis à ce qui est romantique pour toi : si l'amour que tu reçois ressemble à un empoisonnement, cesse d'appeler ça de l'amour. Examine tes motifs de rébellion – il y a des chances pour que tu tordes des concepts afin de te soumettre là où tu prétends t'émanciper. Pardonne à tes parents s'ils sont toxiques, mais ne va plus manger chez eux.

Les valets sont des cartes d'adolescence – une grande énergie est associée à cette période de ta vie, pendant laquelle te rétablir sera exceptionnellement facile – et tout foutre en l'air également. S'il s'agit de créativité, ou de commencer quelque chose – tu es capable d'innover et de t'exprimer comme tu n'avais même pas imaginé le faire.

Quelles sont tes motivations sincères ? Si tu déchiffres cette énigme, il est probable qu'une grande surprise t'attende. Il te faut questionner tes origines, tes influences – paradoxalement, si tu veux rester cohérente, il te faut trahir une conviction que tu traînes depuis un moment. Prends conscience de ta propre valeur – ne doute pas de toi, même si c'est quelque chose qu'on t'a appris dans l'enfance. Ton intelligence est un atout, ne l'étouffe pas pour éviter de blesser ton entourage.

Q
Q

Reine
de pique

LYDIA LUNCH

Paradoxe

I have never thought of killing myself. There are too many people I want to kill, before.

Lydia Lunch a un mantra, qu'elle conseille de se répéter aussi souvent que nécessaire : *I don't give a fuck*. Si on y réfléchit, ce mantra magique permet de se débarrasser de 90 pour cent des choses qui nous prennent la tête. Tu as un temps d'avance sur les autres, tu peux être exaspérée par la lenteur de ton entourage. Tu es un phare pour beaucoup de gens – il y a de la solitude là-dedans mais c'est une excellente carte pour les collaborations. Ici la dualité est une richesse – tes paradoxes sont une force. Tu es capable de renverser des situations périlleuses à ton avantage. Tu es exceptionnellement réceptive et brutalement honnête. Il y a quelque chose d'agressif dans ton *bullshit* détecteur – assume-le. Ta colère est thérapeutique pour les autres. N'essaye pas de retenir ceux qui n'ont pas envie de rester, ce n'est pas à eux que tu t'adresses.

Tu sais entendre l'endroit dans lequel tu es – tu peux transcrire des messages dont tu ne connais même pas l'origine, simplement parce qu'ils flottent dans l'air. Il y a quelque chose du radar en toi. La reine de pique parle de jeunesse éternelle, et d'une résistance exceptionnelle.

K
K

Roi
de pique

JOHNNY CASH

Générosité

Well, there's things that
never will be right I know
And things need changin'
everywhere you go
But 'til we start to make a
move to make a few things right
You'll never see me
wear a suit of white.

C'est la domination de soi, le pouvoir de la discipline, la constance. C'est aussi un présage d'action imminente. Si tu as eu tort, reconnais-le sans tergiverser, place la vérité au-dessus de ton orgueil. Ici la pluie et son orage soulagent, permettant à une information importante de circuler. Si les apparences étaient trompeuses, tu y verras clair et tu t'adapteras sans transiger. S'il faut abandonner quelque chose du passé, il n'y a pas à hésiter. Il y a beaucoup de force et de courage associés à cette carte qui contient même une idée de rédemption. Johnny Cash a toujours été d'une honnêteté impeccable envers lui-même, empruntant parfois des chemins surprenants, et ça lui a toujours réussi. Tu peux devenir presque le contraire de ce que tu étais hier sans te trahir. C'est le moment de faire preuve de rigueur en faisant toutefois attention à ne pas être excessive dans tes exigences, envers les autres ou envers toi. Ne sois pas avare, ne sois pas violente et ne sois pas trop sévère. Tu peux t'adresser à ceux à qui personne ne s'adresse, et ton message changera la donne. Ta classe est généreuse, tu peux être une inspiration pour bien des gens.

A

As

de pique

LEMMY

La bataille qu'on gagne

I don't believe a word,
I know you tell me lies
Just watch me flip the bird,
right in your lyin' eyes
You just can't figure out,
why I'm the way I am
I'm low-life born and bred,
and I don't give a damn.

C'est l'art du galop. Ta vision des choses est claire, tu connais ta monture – tu as ce qu'il faut pour aller jusqu'au bout de ce que tu as entrepris. La haine de l'autorité ne te fait pas perdre ton sens de l'humour, tu n'es pas fragile dans ton identité, tu es consciente de ta valeur sans pour autant te prendre pour le centre du monde. C'est une carte très féminine, qui implique que tu ne perdes pas ton temps avec ce qu'on attend de toi, ni à te demander ce que pensent les autres. Il y a une forte charge d'énergie sexuelle associée à cette carte, et ça ne doit pas te faire peur. Tu as une bonne gestion du rythme et tu peux être à ton aise dans des situations qui paniqueraient d'autres personnes. Si tu as des adversaires, il y a des chances pour que tu aies le dessus, et tu n'en feras pas toute une affaire. Tu es curieuse et ton intelligence est fine – tu n'as pas besoin de te faire plus crétine que tu ne l'es pour rassurer ton entourage, ils savent ce dont tu es capable, ils l'acceptent, ne t'en fais pas pour ça. Si tu doutes, pense à quelqu'un qui possède une grande expérience, et demande conseil. Il y a peut-être une dysphorie de perception chez toi – tu imagines que tous voient la pâquerette qui t'habite, la fleur fragile et gracile – alors qu'on te voit comme un menhir. Les deux sont justes – mais on hésite à se fracasser contre une pierre, alors sache que tu es plus protégée par l'admiration que tu suscites que tu ne le crois.

2

2
de trèfle

THE CRAMPS

Sexe

What I don't know
can never hurt me
I live a life that's
working for me
What I respect you
just can't see
What you expect I'll never be
Primitive that's how I'll live
Primitive I'll take
what you give.

Exprimer ce que tu veux fait partie de la solution, pas du problème. Poison Ivy et Lux Interior en particulier, et les Cramps en général, parlent de déviance et de singularité, c'est le contraire de la petite bourgeoisie. Si Lux a envie de porter des talons et de se maquiller, si Poison veut se saper comme une travailleuse du sexe et jouer de la basse comme un bonhomme, s'ils veulent faire leurs meilleurs concerts dans des hôpitaux psychiatriques – ça leur réussit. Leur rock est garage, c'est de la musique sale pour gens déviants. Ne prétends pas que tu es comme tout le monde si ce n'est pas le cas. Exprime ce que tu as envie de faire, sexuellement, tu n'as pas toute la vie devant toi. C'est un présage positif mais qui dit – « tout de suite ». Si tu crains de faire de la peine à tes parents en assumant ce que tu sais de ta sexualité – n'oublie pas que tu es un individu, pas un accessoire de mode destiné à ce qu'ils se sentent valorisés dans les dîners en ville. Ils s'en remettront, ne t'inquiète pas.

Ta façon d'avancer n'appartient qu'à toi – ne te justifie pas, ne cherche pas à coucher avec les gens qui ne partagent pas tes fantasmes, ne perds pas ton temps à vouloir être autre chose que ce que tu sais être. Pour autant, ne tombe pas dans la délinquance sexuelle – mais cherche des partenaires qui sont dans le même kif que toi, et deviens qui tu es. C'est la carte du sexe, pas celle du mariage, des bébés, de l'emprunt à la banque pour acheter la résidence principale. Si on te conseille de te soigner mais que tu penses que le traitement est pire que le mal, cherche ta propre thérapie. Sois ce que tu es – invente ton style et cherche ton entourage. Et *enjoy* – ta sexualité n'a pas à plaire à tout le monde, juste aux gens avec qui tu la vis.

3
3

3 de trèfle

THE RONETTES

Légitimité

How does it feel when you're
left sitting out in the cold?
How does it feel when you
don't have nobody to hold?
I wanna know, does it
really, really hurt you so?
Are you crying?
Are you dying?

1) N'épouse jamais ton bourreau, même s'il est populaire. 2) Que ce soit professionnel, amoureux, militant ou amical – si tu te sens étouffée dans une situation, sauve-toi ; même si tu dois abandonner beaucoup de choses derrière toi. Guérir, souvent, c'est se séparer. 3) Si tu travailles en équipe et qu'on veut te faire croire que tu ne sers à rien, demande-toi surtout à quoi te servent les autres. Ces trois avertissements

concernent une période de rencontres importantes, de bonnes décisions, de reconnaissance inattendue. C'est un bon présage, mais sois pragmatique : si tu ne prends pas d'initiative, rien ne se fera tout seul.

Les Ronettes, c'est une adolescente qui a une voix extraordinaire et qui monte un *girl band* avec sa sœur et sa cousine. Elles se trouvent des dates de concert et quand elles décident de faire un disque, elles appellent le meilleur producteur de l'époque, Phil Spector. Dès qu'il entend Ronny chanter, il déclare : « C'est la voix que je cherchais. » La suite c'est limousines, dîners aux chandelles, mariage et surtout l'un des plus grands disques de la pop ; un mélange imparable d'innocence et de désir féroce. La voix de Ronny est si puissante et mélodique qu'elle peut tenir devant le fameux mur du son wagnérien de Spector. À partir de là, le conte de fées déraille dans l'horreur. L'époux retient Ronny captive pendant des années, détruit la femme et la chanteuse jusqu'à ce qu'elle parvienne à s'enfuir, pieds nus, avec sa mère. Il lui faudra lutter pour récupérer quelque argent sur la fortune qu'a générée son propre disque. Elle dit : « À cette époque, ce que l'homme voulait était ce qu'on faisait. » Et elle doit supporter de lire, encore et encore, dans la presse, de longs palabres sur le génie du producteur. Comme si ce génie avait pu exister sans sa voix exceptionnelle. Comme si l'enfer qu'elle a vécu ne devait jamais parasiter la légende du génie masculin.

C'est la carte féministe par excellence – même si le pied de la culture dominante te tient plaquée au sol une vie durant – n'oublie pas que ta voix est d'or. Le silence ne te protège pas. Ce qui restera, finalement – c'est ce que tu auras le courage d'énoncer.

4

4 de trèfle

L7

Magie

I've got a word of thanks
Thanks that I'd like to say
For the rage that I feel
For the rage that I feel today.

Décoince-toi. Et amuse-toi. Si L7 a un message à faire passer c'est bien celui-ci : fais ce qu'il te plaît comme il te plaît et ne te laisse pas emmerder. Prends du plaisir et ne sois pas trop à cheval sur les normes. Ici, quand le volcan éclate, c'est une éruption joyeuse, aucun drame. Ne réfrène pas tes impulsions, ne cherche pas à diminuer ta colère – trouve une forme qui te correspond et dis ce que tu as sur le cœur. Ne fous pas le feu à la maison du voisin, ne passe pas ta nuit sur Internet à insulter tout le monde – c'est le moment d'ouvrir ta grande gueule mais d'une façon créative, entraînante, généreuse. Si tu es fâchée avec quelqu'un et que tu le regrettes, appelle cette personne. Si on te propose de faire quelque chose d'inhabituel et que ça te tente – n'écoute pas la peur, fais-le. Ouvre-toi aux idées qui viennent de l'extérieur. Pense aux choses que tu aimes, qui te font du bien – et organise-toi pour les faire le plus souvent possible. Si tu as tendance à oublier tes problèmes en travaillant trop – force-toi à prendre des vacances ou au moins à passer une journée à ne rien foutre. C'est parfois en glandant que nous viennent les meilleures idées. L7 est un excellent présage pour obtenir une réussite sur un obstacle – travaille en équipe si ça te tente, l'union fera ta force.

5

5

de trèfle

MORRISSEY

Polémiques

But you've got everything now
You've got everything now
And what a terrible mess
I've made of my life
Oh, what a mess I've
made of my life.

Les émotions brûlent comme une fièvre. Tu perçois chaque mouvement comme un potentiel danger dont tu ne sais comment te protéger. Sur les réseaux sociaux ton attention est malmenée, elle rebondit anarchiquement telle une balle de flipper. Tu passes d'un état à l'autre sans trop comprendre ce qui t'arrive et lorsque tu appelles à l'aide – le message se brouille, se perd. Cela peut générer en toi l'impression qu'on complote dans ton dos, que tu es jalousée, trahie. Des choses que tu as toujours accomplies avec facilité deviennent difficiles. Tu as peut-être tendance à confondre une incohérence pénible avec de la richesse intérieure.

Le cinq de trèfle annonce que, de la même façon que tu n'as pas bien saisi comment tout a pu s'emmêler à ce point, il y a des chances pour que ce brouillard se dissipe tout seul. Que ce soit une rencontre, une lecture, la prescription d'une plante quelconque – à ce stade de la compétition ça pourrait tout aussi bien être les planètes qui se réalignent – l'essentiel, c'est que ça passe. Tu reprends ton souffle, des repères, la rue devient moins menaçante et progressivement tu retrouves assez de calme pour que ton esprit s'ordonne. Ce n'était qu'un passage à vide.

N'en profite pas pour faire n'importe quoi – ne te sens pas obligée de jouer les imbéciles sous prétexte que tu es mignonne. Utilise tous tes talents. Si tu as tort, reconnais-le. Formule les choses avec tact, ça ne peut pas faire de mal.

6
9

de trèfle

PATTI SMITH

Mutation

I'm dancing barefoot
Heading for a spin
Some strange music draws me in
Makes me come on
like some heroin/e.

Tu te trouves à un point d'intersection. Le seul danger, ici, c'est l'indécision prolongée. N'angoisse pas si tu ne sais pas quel chemin prendre – quelle décision est la bonne. Quelle que soit la direction que tu empruntes, il y a quelque chose à découvrir. N'écoute pas les personnes pessimistes, autour de toi. Patti Smith augure autant une inspiration de pionnière que la réinvention ingénieuse. C'est un présage de grande réalisation. Autant que possible, fais le silence en toi pour chercher ton intuition – elle est juste. Quelque chose de ténu dans l'angle mort de ta raison demande à être exprimé, c'est cette quête qui est importante. Porte un regard neuf sur ce qui est familier, prête attention à ce qui est bizarre – rends-toi dans des lieux que tu ne connais pas, si on te propose quelque chose d'étrange, penses-y (ne va pas jusqu'à faire n'importe quoi – garde la tête sur les épaules). Il est possible qu'une amitié durable surgisse d'une rencontre *a priori* anodine, ou qu'un changement de profession se fasse sur une réflexion quasi incongrue. Revisite ta mémoire – les souvenirs peuvent révéler quelque chose que tu n'avais pas saisi. Il y a un aspect un peu magique dans le changement suggéré par cette carte – sois très attentive aux signes.

7
7

de trèfle

DONNA SUMMER

Hédonisme

Do it to me again and again
You put me in such an
awful spin, in a spin [...]
Lay your head down
real close to me
Soothe my mind and set
me free, set me free.

La disco est l'expérience la plus mixte qui soit – et Donna Summer en est la diva absolue. Elle convoque tout le monde sur le *dance floor* et arrache la sexualité à l'enfer du confessionnal.

Cette carte parle de plaisirs, sans culpabilité. Tout se transforme. C'est la révolution sous sa forme fluide et en apesanteur. La révolution par le mouvement, par la danse. C'est doux, c'est lent, c'est agréable – mais rien ne restera à sa place après que ça se sera déroulé. Tu peux trouver des passages clandestins, des façons de faire qui ne sont pas communes. Des opportunités peu orthodoxes saisies à temps pourraient changer ta vie. Il y a dans cette carte une idée très forte de transe induite par un changement de conscience, de collectif joyeux, de communauté euphorique. Tu es capable de prendre le pouls de ton époque, de repérer la bonne inspiration, de rencontrer la bonne personne avec qui collaborer. C'est une carte de chance, qui n'annonce pas forcément des moments de sexe favorables mais qui n'écarte pas cette possibilité. En tous cas, partage ton plaisir – et cherche ta communauté, c'est une bonne étape de ta vie.

8
8

8 de trèfle

BIG MAMA THORNTON

Tu n'es pas seule

You told me you was high-class
But I could see through that
Yes, you told me you
was high-class
But I could see through that
And daddy, I know
You ain't no real cool cat.

Big Mama Thornton est une figure essentielle du passage de la musique noire américaine du blues au rock. Son nom est presque oublié, et pourtant sa contribution est majeure. Son plus grand succès, *Hound Dog*, s'adresse à un gars à qui elle dit ses quatre vérités. Réécrite, elle deviendra un classique du rock. En sa qualité d'autrice, Big Mama Thornton touchera en tout et pour tout 500 dollars. Le titre rapporte des millions à l'industrie du disque. La carte donne deux conseils : négocie bien tes contrats. Si tu as de l'or entre tes mains, ne te laisse pas convaincre de l'échanger contre un bon dîner en ville. Négocie âprement, et prends conscience de ta valeur. Et surtout : c'est le moment de dire leurs vérités à ceux qui se comportent mal avec toi. Ne te fais pas non plus virer dès demain après avoir envoyé douze mails d'injures à ton boss, mais si on t'a mise dans une position de merde et que tu estimes que tu ne le méritais pas, exprime ta colère, ta rage est juste, tu dois lui donner une forme adéquate. Chasse tes craintes. Réclame ton dû. Tu as la stature pour te défendre. Le temps joue en ta faveur – ne retourne surtout pas ta puissance contre toi. Attends ton heure et formule tes arguments.

9
6

de trèfle

ROBERT SMITH

Désidération

Dressed up to the eyes
It's a wonderful surprise
To see your shoes and your spirits rise
Throw out your frown
And just smile at the sound
Sleek as a shriek, spinning
'round and 'round.

Il suffit d'une personne qui te comprenne pour qu'une stabilité revienne. Souviens-toi que l'équilibre est toujours une recherche, un mouvement – pas une stagnation. La transformation est radicale, c'est sans doute une reconversion – mais qui a pour racine un geste simple, un changement *a priori* mineur. C'est à partir d'un détail que tout se mettra en route. Il n'est pas question de tout foutre en l'air. Un voile se déchire et découvre une réserve de force dont tu ne soupçonnais pas l'étendue. Il y a beaucoup de choses que tu ignores et qui te sont révélées – renonce à des évidences qui ne sont plus justes désormais. Il y a une idée d'honnêteté, de sincérité très forte dans cette carte. Une amélioration est en route – ça se déroule comme si tu avais toujours su ce qui allait se passer alors que tu ne l'avais absolument pas prévu, mais il y a quelque chose d'évident, de naturel et de facile dans ce qui t'arrive. Tu n'as pas besoin d'audace particulière pour déclencher ce processus – mais tu as besoin d'une grande humilité pour en profiter pleinement. Tu n'obtiens rien de bon en faisant ta racaille, et si tu as dans l'idée de faire une connerie, abstiens-toi – même si tu es persuadée qu'on ne pourra pas te rattraper, tu devras répondre de tes actes. Ta magie opère à sa façon, tu es déjà capable d'accueillir ton chagrin sans qu'il te dévore entièrement – sens-toi libre d'inventer de nouvelles stratégies et n'oublie pas que ça partira de quelque chose d'anodin.

10
01

10 de trèfle

NICK CAVE

L'inspiration

*I am alone now, I am beyond recriminations [...]
I'm transforming,
I'm vibrating, I'm glowing
I'm flying, look at me
I'm flying, look at me now.*

Des ponts sont brûlés – des chemins que tu empruntais ont disparu. Prends tout ton temps. Laisse les expériences que tu viens de faire produire leurs effets. Observe la réalité telle qu'elle est désormais. Cherche les nouveaux passages. Le dix de trèfle parle de concrétisation – ce qui t'arrive se traduit dans le réel – mais aussi de gestation, d'hibernation.

C'est la capacité de cicatriser les blessures. Il faut du temps pour cela, et une forme de passivité confiante. La guérison n'est pas un miracle, on ne passe pas d'une forme à l'autre en une nuit. N'essaye pas d'aller plus vite que nécessaire, profite du processus. La force reviendra de façon imprévue, c'est le bout d'un tunnel. Laisse se juxtaposer réussite et abandon – pour obtenir ce que tu veux, il faut lâcher l'affaire. Quelque chose tombe du ciel – ça n'est pas effrayant. Tu peux continuer à faire ce que tu as toujours fait, tu ne te répéteras pas – tu innoves en recommençant. Ce que tu dis prend une importance cruciale pour les autres. Ta compassion est fertile. C'est aussi une carte qui parle de poésie – ce que tu crées n'a pas besoin d'être productif ou immédiatement utile pour être précieux.

J

Valet
de trèfle

IGGY POP

Pouvoir brut

I'm a streetwalking cheetah
with a heart full of napalm
I'm a runaway son of
the nuclear A-bomb
I am a world's forgotten boy
The one who searches
and destroys.

Iggy Pop parle d'une solution simple et pratique, même si les problèmes sont complexes. C'est un coup de fouet sur les événements. Ne te complique pas la vie. Va à l'essentiel. Concentre ton attention sur ce que tu entreprends et donne toute ton énergie. Si tu te sens prisonnière d'une cellule trop étroite – vas-y à la dynamite, crée toi-même ton échappatoire si tu en as besoin. N'hésite pas à aller voir ailleurs si tu es inconfortable dans un travail ou un arrangement.

Si tu es dans un projet d'écriture ou de construction – oublie la cathédrale et ses 44 vitraux ciselés – pense plutôt au bunker. Jouis de ta popularité; n'aie pas honte de l'argent que tu gagnes, profite de ce qui se présente ou de ce que tu as acquis. Ce n'est pas non plus une carte de nombrilisme – ne perds pas de temps à te raconter que tu es la plus belle ou la meilleure, tu n'es plus à l'école, tu n'attends pas les bons points ou les félicitations des professeurs. Sois efficace, et bon esprit – s'il y a brutalité, elle doit rester joyeuse, saine. Iggy Pop est le chef de file du *search and destroy* mais il est aussi l'un des premiers à annoncer: «Je ne veux plus me droguer.» Si quelque chose ne te convient plus, arrête-le. Tu n'es pas là pour épater la galerie. Sois pragmatique, nourris ton enthousiasme et ne cherche pas à correspondre à tout prix à ce qu'on attend de toi. Tu te rends service en te demandant ce qui te convient le mieux.

Q
Q

Reine de trèfle

ETTA JAMES

Rage de vivre

*I'm open for business in
your neighborhood,
The blues is my business,
and business is good.*

Etta James est la matriarche du blues – c'est l'alchimie par laquelle l'opprimée parvient à transformer sa rage en incantation spirituelle. Le sentiment d'harmonie est à ta portée, même s'il y a eu injustice et douleur. En termes d'inspiration, c'est le troisième œil, autant dire une vision qui dépasse ton entendement, voire une extra-lucidité. Pour celles qui ont déjà joué au flipper, on est sur la partie avec l'*extra ball* qui fait tout claquer. Attention, car cette grande puissance immobilisée pourrait se retourner contre toi : dévoile ce qui doit l'être, et ne reste pas dans l'inaction. C'est une carte d'énergie sexuelle, ce qui ne veut pas forcément dire que tu vas baiser comme une malade – mais que tu te mets d'accord avec ton désir. C'est le serpent – tu procèdes par ondulations, tu commences et termines dans un même mouvement et tu as le pouvoir en une seule vie d'effectuer plusieurs mues. La dualité est une richesse pour toi, tu as une habileté particulière à passer d'un plan à l'autre, d'une émotion à son contraire, sans te perdre en route. Tu peux même habiter deux endroits différents, ou fonctionner sur deux niveaux distincts. Cherche un lieu où tu te sentes bien, qui te protège, te régénère. Prends grand soin de cet endroit. Etta James parle de se construire une place dans le monde.

K

Roi de trèfle

ELVIS

Le fauve

I got a feeling in my body
This will be our lucky day
We'll be releasing all our sorrow
Leave it layin' long the way.

Tu peux faire ce que tu as à faire, tranquillement, car grandes sont les chances pour que ce que tu désires se réalise. Tu as une vision, et tu as des alliés. Ceux qui t'entourent croient en ce que tu fais, il n'y a pas de problème de loyauté. Ton charisme opère, ta séduction est redoutable. Si ce que tu fais est marginal, artisanal, il est fort possible que le succès te rattrape. Cela peut être déstabilisant. En tant que figure particulièrement visible, tu seras souvent attaquée. Ça vient avec le terrain, ne t'en inquiète pas – tu trouveras en toi les ressources pour t'adapter à la chance qui caractérise cette carte.

Pense à ton système immunitaire – sur le plan physique comme sur le plan émotionnel.

Ne détruis pas aveuglément ce qui t'est utile. Ne retourne pas ta force contre toi-même. Si tu as des problèmes de santé, des fragilités dont tu parles rarement – ne crois pas qu'il est de ton devoir de les traiter à la légère sous prétexte que tu as de grandes choses à faire. Ne te laisse pas convaincre qu'il faut sacrifier ce que tu es à ton personnage public ; même si ce que tu fais rapporte beaucoup d'argent ou de plaisir à d'autres que toi, pense à ton intérêt personnel dans l'affaire, et comprends que prendre soin de toi doit passer avant le reste. Si tu es impliquée dans une lutte de résistance politique qui demande de grands efforts, sois impitoyable sur ton temps de repos, sur ta nécessité de reprendre des forces régulièrement. Si une peur d'enfance te tracasse, ne l'étouffe pas – confronte ce qui doit l'être. Fais-toi confiance si tu sens que tu dois faire les choses à ta façon et dire non à des propositions qu'on te présente comme irrécusables. C'est la carte du King, en fin de compte. On peut déblatérer tout ce qu'on veut sur Elvis, il reste le roi de son domaine.

A
A

As de trèfle

JAMES BROWN

Conditions parfaites

I got soul and I'm super bad,
I love, I love to do my thing
Ha... and I, and I don't
need, no one else
Sometimes I feels
so nice, good god
I jump back, I wanna
kiss myself.

James Brown impose son rythme syncopé au monde et invente un des genres musicaux les plus importants du siècle, certainement l'un des plus jouissifs. C'est la trajectoire exceptionnelle par excellence, J. B. est celui à qui l'impensable est arrivé, au sens le plus positif du terme. Mais s'il entretient l'illusion que ce qu'il fait est facile, c'est qu'il a travaillé sans répit. Il y a une idée de génie qui se mêle à l'humilité – pour trouver la forme parfaite tu devras beaucoup t'impliquer. C'est le chaudron magique qui reçoit et transforme tout ce qu'on y mélange. Il y a dans ton jardin un puits – une source d'inspiration précieuse, ne va pas chercher ta richesse ailleurs que là où elle se trouve. Il y a une idée de recommencement possible, mais à un autre niveau. Si tu reproduis les mêmes erreurs, n'espère pas d'autres résultats que ceux que tu as déjà obtenus. Les décisions prises maintenant, ou les choses réalisées ont un impact sur le long terme, l'époque est fertile. Cela peut signifier une convalescence remarquable, aussi bien qu'un gain économique conséquent, ou un déblocage fulgurant après une longue période de procrastination. Tu peux manier le feu créatif sans te brûler. Les états sont intenses, la colère comme l'amour, la vengeance comme le pardon. Prends soin de ceux qui t'entourent, écoute s'ils se plaignent de l'usage que tu fais de ta force, ne sois pas despote. Entoure-toi de gens que tu respectes et qui vont dans ta direction.

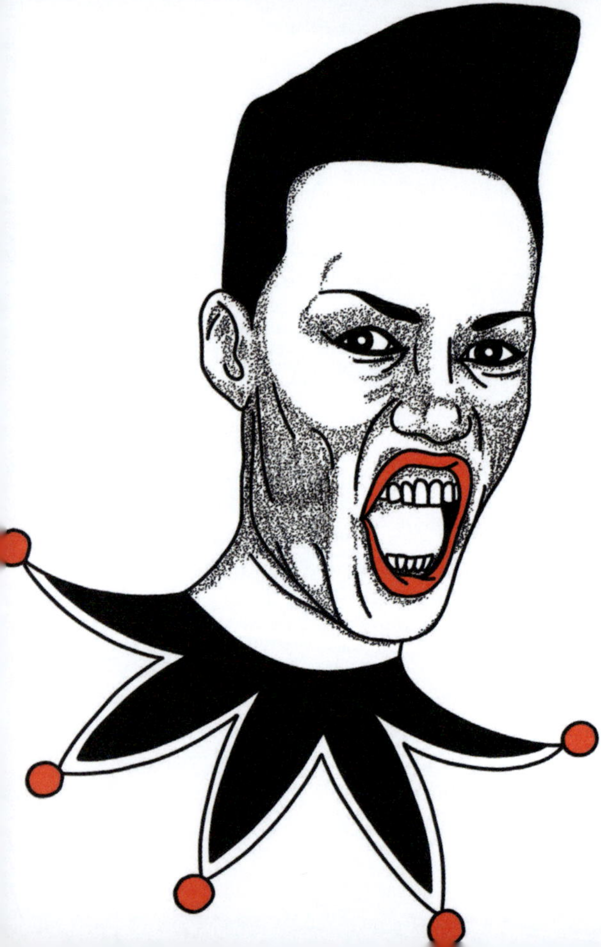

JOKER

Grace Jones

Iconique

I'm not perfect, but
I'm perfect for you,
Now I'm right on time,
I'm not perfect, but
I'm perfect for you,
I feel right on time,
Why waste it thinkin
about it? Taste it,
Don't waste it thinkin
about it, taste it.

Le joker diffuse à toutes les cartes du tirage un présage positif. C'est une authentique contagion de positivité. Grace Jones – *La Vie en rose*, la boule à facettes, le chic… Les mauvaises ondes ont peu de chances de t'atteindre, tu as l'insolence en plus de la chance, tes formules sont justes – les combinaisons esthétiques audacieuses fonctionnent. Viens comme tu es, fais ce qu'il te plaît – amuse-toi, ça fera du bien à tout le monde.

JOKER

David Bowie

Space oddity

Let's dance
Put on your red shoes
and dance the blues
Let's dance
To the song they're
playin' on the radio
Let's sway
While color lights up your face
Let's sway
Sway through the crowd
to an empty space.

Le monde te veut du bien – c'est le contraire de la paranoïa… Un peu comme si tu avançais avec un soleil taillé sur mesure au-dessus de ta tête. Avec Bowie, c'est le strike de l'élégance – sophistication et humour, tact et sincérité, inspiration et savoir-faire –, carte de grande protection, qui t'invite à chercher le prodigieux dans ce que tu es, ce que tu fais, et à le reconnaître dans ce qui t'entoure.

Chansons

CŒUR

Deux : *Free Your Mind... And Your Ass Will Follow*, Funkadelic

Trois : *Rebel Girl*, Bikini Kill

Quatre : *Waiting on a Friend*, The Rolling Stones

Cinq : *Personality Crisis*, New York Dolls

Six : *Voodoo Dolly*, Siouxsie & The Banshees

Sept : *9 to 5*, Dolly Parton

Huit : *Should I Stay Or Should I Go*, The Clash

Neuf : *It's a Miracle*, Culture Club

Dix : *Run the World*, Beyoncé

Valet : *Atomic*, Blondie

Reine : Marianne Faithfull, interview *The Guardian*, 15 juillet 2001

Roi : *Anthem*, Leonard Cohen

As : *The Best*, Tina Turner

CARREAU

Deux : *The Same Boy You've Always Known*, The White Stripes

Trois : *People Are Strange*, The Doors

Quatre : *All You Need Is Love*, The Beatles

Cinq : *Standing in the Way of Control*, Gossip

Six : *Blowin' in the Wind*, Bob Dylan

Sept : *Mono*, Courtney Love

Huit : *Love Hi*, Nina Hagen

Neuf : *No More Drama*, Mary J. Blige

Dix : *Bad Reputation*, Joan Jett & The Blackhearts

Valet : *Bodak Yellow*, Cardi B

Reine : *Killer Queen*, Queen

Roi : *Let's Go Crazy*, Prince

As : *Give It 2 Me*, Madonna

PIQUE

Deux : *Problems*, Sex Pistols

Trois : *On a Plain*, Nirvana

Quatre : *I Wanna Be Sedated*, The Ramones

Cinq : *All Along the Watchtower*, The Jimi Hendrix Experience

Six : *Billie Jean*, Michael Jackson

Sept : *What's Going On*, Marvin Gaye

Huit : *Thugz Mansion*, 2Pac

Neuf : *Don't Let Me Be Misunderstood*, Nina Simone

Dix : *Move Over*, Janis Joplin

Valet : *Back to Black*, Amy Winehouse

Reine : correspondance personnelle de Lydia Lunch

Roi : *Man in Black*, Johnny Cash

As : *Ain't My Crime*, Motörhead

TRÈFLE

Deux : *Primitive*, The Cramps

Trois : *How Does It Feel?*, The Ronettes

Quatre : *Fuel My Fire*, L7

Cinq : *You've Got Everything Now*, The Smiths

Six : *Dancing Barefoot*, Patti Smith

Sept : *Love to Love You Baby*, Donna Summer

Huit : *Hound Dog*, Big Mama Thornton

Neuf : *Friday I'm in Love*, The Cure

Dix : *Jubilee Street*, Nick Cave & The Bad Seeds

Valet : *Search and Destroy*, The Stooges

Reine : *The Blues Is My Business*, Etta James
Roi : *I Got a Feelin' in My Body*, Elvis Presley
As : *Super Bad*, James Brown

JOKER

I'm Not Perfect (But I'm Perfect for You), Grace Jones
Let's Dance, David Bowie

À propos de l'autrice

Virginie Despentes est Gémeaux (comme Lydia Lunch, Prince ou 2Pac). Elle est l'auteure de *Baise-Moi*, *King Kong Théorie* et *Vernon Subutex*. C'est la première fois qu'elle écrit un oracle rock, dans son style direct et plein de *punchlines*.

À propos de l'illustratrice

LaRata est Sagittaire (comme Tina Turner, Keith Richards ou Big Mama Thornton). Illustratrice et tatoueuse, elle mélange dans cet oracle plusieurs de ses passions : les idoles rock, le dessin façon tattoo, façon gravure, le poker et la cartomancie.

pca
cmb
édition pré-presse
livres numériques

44400 Rezé